gutes leben
bene!

MARGRET RASFELD · UTE PUDER

DAS SCHUL DRAMA

... und wie wir unsere Kinder für die Zukunft stärken

»Das links am Tisch anlehnende Kind stellt mich dar. Und die chimärenartige Figur rechts von mir spiegelt das Schulsystem wider. Die Figur füttert mich mit dem Lehrplan … Der Esel ist ein Symbol der Dummheit, welchen Goya bereits in seinen Werken verwendet hat. … Der Komet, der auf mich zurast, stellt die Zukunft dar und die Dinge … auf die ich nicht vorbereitet bin. Ich empfinde ein Angstgefühl, wenn ich daran denke, dass ich bald mein Abitur beenden werde.«

Collage und Text von Wlada Ott

Ich möchte, dass mich jemand anschaut,
so richtig anschaut, und sieht,
was für einen Schmerz ich spüre.
Schüler, 14 Jahre

Inhaltsverzeichnis

Vorwort

»Wenn ich an unsere Kinder denke in der Nacht, bin ich um den Schlaf gebracht«, so hätte es wohl Heinrich Heine formuliert, wenn er heute in Deutschland leben würde und seine vier Kinder der »Schulbesuchspflicht« folgend in eine Schule schicken müsste, aus der sie tagtäglich jahrelang und zudem noch während der wichtigsten Phasen ihrer Gehirnreifung und Persönlichkeitsentfaltung missmutig, verängstigt, unglücklich und verstört nach Hause kämen; und den dort erlebten Frust dann erst einmal mithilfe ihrer digitalen Geräte in Chatrooms, Computerspielen und virtuellen Welten abzubauen versuchten.

Ich weiß nicht, wie viele Eltern, aber auch verzweifelte und ausgelaugte Lehrkräfte angesichts der gegenwärtigen Situation in so vielen Schulen noch ruhig schlafen können. Dazu gibt es keine Umfragen, wahrscheinlich deshalb, weil dann allzu offensichtlich und unabweisbar würde, wie groß das Drama ist, das ihre Kinder dort erleben. Als Drama bezeichnen wir eine Theateraufführung immer dann, wenn das Ergebnis einer Handlung noch Auswege zulässt, wenn also noch Hoffnung besteht, dass es im Stück auch noch mögliche andere Ergebnisse als diejenigen gibt, die von den Zuschauern befürchtet werden. Deshalb bin ich froh, dass Margret Rasfeld und Ute Puder den Titel *Schuldrama* gewählt haben. Wenn ein Geschehen bereits durch die Ausgangskonstellation so sehr festgelegt wird, dass eine Verstrickung der Helden in immer unlösbarer werdende Konflikte bereits von Anfang an festgelegt ist, handelt es sich um eine Tragödie.

Auch wenn viele besorgte Eltern und Lehrkräfte von diesem Gedanken um den Schlaf gebracht werden, so machen die beiden Autorinnen mit ihrem Buch über das Schuldrama allen Beteiligten Hoffnung: Es ist möglich, doch noch die Kurve zu kriegen. Für unsere heranwachsenden Kinder und Jugendlichen wäre das ein Segen. Denn so, wie es nun schon seit Jahren ist, kann es nicht weitergehen. Wenn Kinder und Jugendliche die ihnen angeborene Freude am eigenen Entdecken und am gemeinsamen Gestalten, also am Lernen, ausgerechnet dort verlieren, wo ihnen Gelegenheit geboten werden soll, alles zu lernen, worauf es später für die Gestaltung ihres Lebens, eines konstruktiven Zusammenlebens mit anderen, auch mit anderen Lebewesen auf dieser Erde, ankommt, dann ist das nicht nur eine Tragödie, sondern eine Schande für ein ganzes Land. Wenn zu viele junge Menschen mit »null Bock« auf Lernen, auf gemeinsames Gestalten und auf die Suche nach kreativen Lösungen aus der Schule kommen, hat eine solche Gesellschaft keine Zukunft mehr. Manche spüren das, aber viele auch (noch immer) nicht.

Die vielen mehr oder weniger klugen Bücher, die in den vergangenen Jahren erschienen und auch von vielen verzweifelten Erwachsenen gelesen worden sind, haben diese Situation nicht spürbar verändert. Auch nicht die zahlreichen Podcasts, Initiativen und Schulveränderungsprogramme, noch nicht einmal die besorgniserregenden Resultate internationaler Vergleichsuntersuchungen konnten den einmal eingeschlagenen Kurs dieses riesigen und schwerfälligen Tankers »Schulsystem« neu justieren.

Wahrscheinlich – und zumindest aus der Sicht eines Neurobiologen ganz sicher – sind Argumente, auch wenn sie noch so gut begründet werden, nicht geeignet, um Menschen zu veranlassen, notwendige Veränderungen auch wirklich umzusetzen. Da muss wohl, neben den kognitiven Bereichen im Gehirn, auch noch ein Bereich aktiviert werden, der tiefer sitzt und auch in seinen Wirkungen tiefer reicht als der nackte Verstand. Ein Gefühl also, oder so etwas wie eine innere Stimme, die uns unmissverständlich darauf hinweist, dass wir dabei sind, etwas zu tun, was unsere Existenz, also die Entfaltungsmöglichkeiten unserer Kinder, gefährdet. Es müsste uns also wirklich »unter die Haut gehen« und uns tief im Inneren berühren.

Margret Rasfeld und Ute Puder haben diese innere Stimme schon lange vernommen. Als sie die erschütternden Briefe Jugendlicher gelesen haben, sind sie an die Öffentlichkeit gegangen. In den Briefen beschreiben Schüler und Schülerinnen eines Gymnasiums, wie es ihnen in der Schule geht, wie leer, wie verzweifelt, wie ohnmächtig sie sich dort fühlen. Und zwar deshalb, weil sie dort – trotz der wohlmeinenden und unterstützenden Begleitung durch manche Lehrkräfte – gewissermaßen systemimmanent ständig belehrt und bewertet und damit wie zu optimierende Objekte behandelt werden.

Das war ihr Gefühl. Sie haben aufgeschrieben, was dieses Gefühl mit ihnen macht und wie sie damit umgehen, auch wie sie es »wegbekommen«. Es sind erschütternde Zeugnisse einer Fehlentwicklung, wohlgemerkt nicht in »Problemschulen«, sondern in »Vorzeigegymnasien«, auch nicht verfasst von »Versagern«, sondern von solchen, die das Gymnasium mit sehr guten Abschlüssen verlassen. »Hier stimmt also etwas sehr grundsätzlich nicht«, hatte ihre innere Stimme den beiden Autorinnen gesagt. Und deshalb haben sie dieses Buch geschrieben.

Und damit es keine Tragödie mit unausweichlichem Ausgang wird, haben sie es als Mutmachbuch für alle verfasst, die noch daran glauben, dass Menschen (und nicht künstliche Intelligenzen oder kultusministerielle Vorgaben) für das verantwortlich sind, was in unseren Schulen geschieht. Und dass das, was dort nun schon seit so vielen Jahrzehnten als eingefahrenes Muster wie ein einmal einprogrammierter Automatismus abläuft, geändert – oder besser: im Inneren verwandelt – werden kann.

Aber lesen Sie selbst. Es ist ein Buch, in dem nicht über die Schule gemeckert, sondern ihr Neubau vom Fundament aus beschrieben wird.

Gerald Hüther
Witzenhausen, im Juli 2024

Warum wir dieses Buch schreiben?

Ist das normal? Dass Kinder eine 40-Stunden-Schul-und-Hausaufgaben-Woche haben? Ist es normal, dass sie stillsitzen müssen und wir ihren Bewegungsdrang einschränken? Ist es normal, dass wir Kinder einem 45-Minuten-Takt unterwerfen und sie immer durch eine Klingel aus ihren Lernprozessen reißen? Ist es normal, dass wir Kinder durch Prüfungen, Tests und Abfragen unter Dauerstress setzen, sie ängstigen und in ihrem Selbstwert schwächen? Ist es normal, dass wir sie langweilen mit Lehrplänen, die nicht ihren Interessen und Wünschen entsprechen? Ist es normal, dass für das, was sie interessiert und bewegt, keine Zeit ist, weil immer nur vom Stoff die Rede ist, der durchgenommen werden muss? Dass dadurch die Begeisterung am Lernen, dass die Neugier verloren geht, weil Kinder und Jugendliche nicht eigenen Fragen nachgehen dürfen? Wie normal ist es, dass Kinder vor den Zeugnissen Angst haben, Angst haben, nach Hause zu gehen, weglaufen oder sich selbst verletzen, um auf ihre Not aufmerksam zu machen? Dass vor den Zeugnissen in den Zeitungen steht, welche Beratungsstellen es gibt, weil sich manche sogar in ihrer Verzweiflung das Leben nehmen wollen?

Treten wir heraus aus dem Hinnehmen, Erdulden und Erleiden. Sprechen wir Missstände an. Aussprechen macht Probleme sichtbar und bearbeitbar. Aussprechen befreit. Es ist an der Zeit, dass wir aus der Gleichgültigkeit heraustreten und Anwälte für die Rechte der Kinder werden.

Wir wollen mit diesem Buch aufrütteln, die Herzen bewegen, Zusammenhänge aufzeigen, zum Handeln inspirieren, zum Haltungswandel in Schule und Gesellschaft ermutigen.

Wie kommt es dazu, dass eine ehemalige Schulleiterin und eine Künstlerin gemeinsam ein Buch schreiben? Ausgangspunkt sind siebzig Briefe von Schüler:innen eines Gymnasiums. Alles leistungswillige und leistungsstarke Jugendliche. Die Schule war schon vor Covid für sie stressig, aber sie haben das weitgehend weggesteckt und sind mitgelaufen im Hamsterrad der Bestnotenerbringung. Dann kam der Lockdown. Viele Jugendliche kamen anschließend psychisch angeschlagen in die Schule zurück, und es erwarteten sie Stoff nachholen, Stoff nachholen, Stoff nachholen und Tests, Tests, Tests. Die Lehrer:innen wollten und brauchten Noten. Die Jugendlichen lieferten.

»Ja, ich habe einen Durchschnitt von 1,0 geschafft. Ich habe zehn Stunden am Tag dafür gelernt, auch an jedem Wochenende. Und ich habe dafür Angst, Panik, und Zusammenbrüche in Kauf genommen.« (Schülerin, 15 Jahre)

»Manchmal möchte ich heulen. Vor Verzweiflung und diesem tagtäglichen Stress und Druck und Klassenarbeiten und Hausaufgaben. Gerne würde ich mal so richtig laut schreien. Einfach nur schreien. Ich würde mich besser fühlen. Doch ich schreie nicht. Ich fühle mich alleine. Niemand versteht mich richtig. Niemand bemerkt meinen Schmerz, niemand.« (Schülerin, 17 Jahre)

Im Dezember 2021, als Leolo, Schüler einer 10. Klasse, noch spätabends für eine Arbeit am nächsten Tag lernte, floss alles, was sich angestaut hatte, aus ihm heraus. Er fragte sich: »Wieso sitze ich hier um Mitternacht noch – ausgelaugt, extrem fertig und verzweifelt?« Leolo nahm sein Handy und tippte einen Text in seine Notiz-App: »*Ich hätte gern mein Leben zurück. Meine Zeit und die glücklichen Momente, die ich mit tollen Menschen haben könnte. So viel für nichts. Stattdessen ist mein Leben Schulqual, Vorbereitung bzw. Nachbereitung der Schulqual und Schulqual verdrängen mit Scheiß, den ich mir auf YouTube und Co antue. Für viel mehr ist nichts übrig – weder Zeit noch Kraft. Wofür? …*

Wie konnte so etwas Tolles wie Wissensbereicherung zu so etwas Furchtbarem wie das Schulsystem mutieren? Das, was Chancen aufzeigen, aufbauen, Gerechtigkeit schaffen, Leben formen, Persönlichkeiten schaffen, Mut machen, Probleme lösen könnte, zerstört Leben und kriminalisiert Fehler. … Und das Schlimmste ist, dass es normal ist. Zu leiden wird normalisiert. Niemand kritisiert es. Und wer es tut, der nervt. Er soll sich doch einfach fügen. Machen ja schließlich alle so. Was wir nicht verstehen, ist, dass wir in der Mehrheit sind. Wir haben die Macht zu ändern, was uns nicht recht ist. Wir sind nur schon zu müde, ausgelaugt und kaputt, schon zu tief drin, um das zu realisieren. Ich kann nicht mehr.«

Leolo schickte den Frusttext an seinen Freund. Betreff: *Das denke ich gerade.* Der Freund war auch noch wach und am Lernen. Als er den Text las, verstand er sofort, was Leolo meinte und spürte: Mir geht es ja auch so. Der Brief landete im Schüler:innenrat. Josi, die Schulsprecherin, lud Leolo ein. Als dieser seinen Brief vorlas, waren alle still, minutenlang. Einige weinten.

Endlich hatte jemand Worte für Gefühle gefunden, die viele umtrieben. Sie beschlossen: Wir rufen dazu auf, Briefe zu schreiben, wie es uns wirklich geht. Und dann kam die Angst.

Dürfen wir das? Oder bekommen wir dann schlechte Noten? Die Schulleiterin hat als Schlüsselperson den jungen Menschen Mut gemacht und signalisiert: Ich stehe hinter euch. Bitte schreibt, wie es euch geht. Das ist wichtig. Und dann hingen im Schulflur 5, 10, 15, 20, 30, 50, 70 Briefe.

Die Briefe haben uns, Ute und Margret, zutiefst erschüttert. Diese Briefe sind Zeugnisse – eine innere schmerzliche Zeugenschaft. Die Briefe haben uns ins Herz getroffen. Es war zu der Zeit, als die Zeitungen voll waren von Meldungen, wie schlecht es den Kindern und Jugendlichen psychosozial geht. Für uns war klar, es braucht keine weiteren Studien, es muss gehandelt werden. WIR müssen sofort handeln. So luden wir Jugendliche aus dem Schüler:innenrat zu uns nach Hause ein. Beim ersten Treffen waren wir elf Personen. So gaben die Jugendlichen der Gruppe den Namen *11 Rebell:innen.*

Am Ende der Sommerferien hatten sie den Mut, mit dem Motto *Schule macht uns krank* in der Leipziger Innenstadt zu demonstrieren. Sie standen vor dem Rathaus und lasen mit Megafonen ihre Briefe vor. Es war viel Presse da. Später fuhren sie mit Lastenrädern durch die Stadt und diskutierten auf öffentlichen Plätzen mit Bürger:innen. Manchmal bekamen sie Bemerkungen ab wie »die Jugend von heute will nichts mehr leisten«, doch viele Menschen sind nachdenklich geworden und haben sehr ernsthaft mit den Jugendlichen diskutiert. Eltern dachten: »Wie geht es meinem Kind wirklich – das habe ich es tatsächlich noch nie gefragt.« Die Jugendlichen waren mehrfach im Fernsehen und prominent in der Presse. Wir beschlossen, ein *RealLabor Friedliche Bildungsrevolution* zu gründen, und arbeiteten intensiv daran. Im Oktober 2023 war es so weit. Das *RealLabor* hatte einen realen Raum und wurde eröffnet. Es ist ein großer, offener Vertrauens-Raum mitten in der Innenstadt, für jeden einsehbar. Ein Raum, der den Schmerz der Kinder in die Öffentlichkeit trägt und der Kristallisationsort für den Wandel ist. Später schrieben uns Eltern und Pädagog:innen, Studierende und weitere Schüler:innen aller Schulformen, wie es ihnen wirklich geht, angeregt durch die Briefe der Jugendlichen, die wir veröffentlicht haben.

Das *RealLabor* steht für den Haltungswandel, den es jetzt dringend braucht, für einen Paradigmenwechsel im System Schule. Nichts macht das so deutlich wie die Stimmen der jungen Menschen, die in ihrer wichtigen Entwicklungszeit Tausende Stunden in der Schule verbringen; mit Hausaufgaben geht es nachmittags, abends und am Wochenende weiter. Und so, wie es vor 1989 in der DDR Orte der freien Zusammenkunft und Zukunftsplanung gab, um das diktatorische System DDR friedlich zu beenden, so braucht es heute Reallabore und Zukunftsschulen, Zukunftsministerien, Bildungslandschaften und Achtsamkeitsthemen in Schulen – mit mutigen Menschen, die das System Schule radikal, an die Wurzel gehend, verändern.

Die Briefe haben uns, Margret und Ute, Bildung und Kunst, zusammengebracht. Es war ein Kairos-Moment. Ein großes Danke an den Mut der jungen Menschen!

»Wer sind wir?
Wir sind Gefangene des Bildungssystems. Und genau das wollen wir ändern.
Zu elft haben wir die friedliche Bildungsrevolution ins Leben gerufen, die jetzt in vollem Gange ist. Gemeinsam revolutionieren wir besagtes Bildungssystem, das uns alle zerstört, bevor wir erwachsen sind.
Was wollen wir?
Wir wollen leben und nicht existieren.
Wir wollen wir sein und nicht so, wie ihr wollt.
Wir wollen Praxis statt Theorie.
Wir wollen Empathie statt Entfremdung.
Wir wollen Individualität statt Verallgemeinerung.
Wir wollen auch weinen und nicht nur funktionieren.
Wir wollen Zusammenarbeit statt Konkurrenz.
Wir wollen Vertrauen statt Angst.
Wir wollen und wir dürfen das auch.
Wir haben Rechte und wollen diese an Schulen integrieren!«
Schüler:innen, 11. Klasse Gymnasium

Ein Journalist der Zeitschrift *chrismon* hat sich mit den 11 Rebell:innen in Leipzig getroffen. »Schule macht uns krank« war im Mai 2023 das *chrismon*-Titelthema[1]. Der NDR hat daraufhin das Thema aufgegriffen und im November 2023 die beeindruckende *Panorama*-Sendung zum Thema »Macht Schule uns krank?« ausgestrahlt, in der 15 Jugendliche zu Wort kommen.

Wir Erwachsenen sind Vorbild und haben die Verantwortung für unsere Kinder. Überall dort, wo wir Kindern begegnen, sollten wir ihnen Mut machen. Und wir ermutigen dich, liebe Leserin und lieber Leser: Hör auf dein Herz, das sich dem Kinde zuwenden möchte. Sei selbst die Veränderung, die du dir wünschst. Wir ermutigen dich, Gemeinschaft mit anderen zu suchen und zu bilden, sodass du den Weg nicht alleine gehen musst.

Es gibt für die Probleme unserer Zeit nicht *die* eine Lösung. Unsicherheit wird die neue Sicherheit sein. Aber Unsicherheit birgt schöpferisches Potenzial. Um ins Gestalten des Neuen – ins Gesunde – zu kommen, müssen wir uns selbst ernst nehmen, lieben und dort anfangen zu handeln, wo wir stehen und Einfluss haben.

DAS DRAMA

Das überalterte System

Wir können stolz darauf sein, welch ein gutes Schulsystem wir aufgebaut haben. Und auf unsere Pädagog:innen, die täglich alles geben. Das alles hat uns viel gebracht, Wohlstand und Wirtschaft gefördert, allerdings war es auf die Erfordernisse des 20. Jahrhunderts zugeschnitten. Nun leben wir im 21. Jahrhundert. Die Welt ist komplex, volatil und unsicher geworden. Gewohnte Denk- und Vorgehensweisen, die uns bisher erfolgreich gemacht haben, funktionieren nicht mehr. Das, was früher galt, ist nicht mehr zeitgemäß. Krisen überall machen deutlich, dass unser derzeitiges Wachstumsparadigma vom »Höher, Schneller, Weiter«, dem auch die Bildung folgt, nicht zukunftsfähig ist. Menschliches Zusammenleben ist künftig auf Nachhaltigkeit in allen Lebensbereichen angewiesen. Das erfordert eine gesellschaftliche Transformation, einen grundlegenden Wandel in Einstellungen und Haltungen. Bildung ist dafür zentral. Auch hier brauchen wir einen Paradigmenwechsel, um zu fördern, was die Gesellschaft für die große Transformation braucht: mutige und kreative Zukunftsgestalter:innen, weltoffen mit Gemeinsinn. Engagierte Menschen, die es gewohnt sind, lösungsorientiert zu denken und Verantwortung zu übernehmen: für sich selbst, für ihre Mitmenschen, für unseren Planeten.

Für die Schulen bedeutet das einen Paradigmenwechsel. Doch noch viel zu oft folgt Schule, vor allem die weiterführende Schule, veralteten Prinzipien: Wir stuhlen die Kinder und Jugendlichen mit Sitzzwang ein, überfrachten sie kognitiv mit Wissen, dessen Lebensrelevanz sie nicht erkennen, unterziehen sie permanenter Bewertung mit Ziffern und schneiden sie ab von ihren Gefühlen.

Vom Klimawandel, der größten Bedrohung der Menschheit, hat laut einer aktuellen Studie jede(r) Fünfte der 12- bis 19-Jährigen noch nie gehört.[2] Gleichzeitig haben 64 Prozent der Befragten ab zehn Jahren Angst vor der globalen Erderwärmung. Und die Hälfte der jungen Menschen hat gegenwärtig wenig Hoffnung, dass eine nachhaltige Zukunft noch erreichbar ist. Ihnen fehlen vor allem Erfahrungen von Selbstwirksamkeit. Während die Präsenz von Nachhaltigkeit in vielen Lebensbereichen steigt, ist das Thema in der formalen Bildung völlig unzureichend verankert. Mehr als 75 Prozent der jungen Menschen fühlen sich nicht in die Lage versetzt, effektiv zur Lösung von Nachhaltigkeitsproblemen beitragen zu können. Studien zeigen, dass sowohl Lernende als auch Lehrkräfte sich deutlich mehr, nämlich 40 bis 50 Prozent, Nachhaltigkeitsbezüge im Unterricht wünschen. Doch der übervolle, veraltete Lehrplan und die Sorge, ihn nicht zu erfüllen, sind mächtige Hinderungsgründe, ebenso wie die unzureichende Verankerung in Curricula sowie ein Mangel an Weiterbildungen.[3]

In Zeiten, wo Herzensbildung, Kreativität und der Umgang mit Komplexität hochbedeutsam sind, macht Schule junge Menschen zum Objekt von Belehrung, Bewertung, Maßnahmen. Damit verletzen wir die Grundbedürfnisse nach Verbundenheit und Autonomie. Auf diese Würdeverletzung reagieren Kinder mit Schmerz und dann mit dessen Unterdrückung.

»Hier wird uns systematisch das Fühlen abtrainiert.« (Schülerin, 14 Jahre)

»Schule lässt uns Fassaden bauen. Uns darf es nicht schlecht gehen. Uns darf nichts wehtun. Uns darf keine Träne über das Gesicht laufen. Wenn ich in die Schule gehe, verstecke ich das, was hinter der Fassade ist.« (Schüler, 16 Jahre)

Viele junge Menschen sprechen von diesen Fassaden. Die Briefe der Jugendlichen geben Zeugnis davon. Das Unterdrücken von emotionalen Botschaften führt dazu, dass Menschen den Kontakt zu sich selbst verlieren und in den Funktions- oder Konsummodus gehen. Manche steigen auch aus. Wer Emotionen unterdrückt, entfremdet sich selbst. Entfremdung früh einzuüben ist fatal, gilt es doch dringend, sie zu überwinden. Wenn wir auf diesem Planeten überleben wollen, müssen wir lernen, zusammenzuleben: miteinander, verbunden und verbindend, achtsam und in Fürsorge.

Die Mental-Health-Krise unserer Kinder und Jugendlichen ist in der öffentlichen Debatte angekommen. Studien belegen massive Zukunftsängste der jungen Generation sowie ein breites Spektrum psychosozialer Beschwerden, die mit Dauerstress zu tun haben. Die Zukunftsängste sind gepaart mit Gefühlen von Ohnmacht und Ausgeliefertsein. Dabei wird meist ausgeblendet, dass Heranwachsende das Ausgeliefertsein viele Jahre lang im System Schule erfahren, einüben, sich daran gewöhnen.

»Eigentlich geht man ja in die Schule, um gehorchen zu lernen. Den ganzen Tag tust du das, was die Lehrer dir sagen, und so lernst du zu gehorchen.« (Schülerin, 13 Jahre)

»Und das Schlimmste ist, dass es noch sieben Jahre so weitergeht. Tag für Tag. Und du kannst nicht raus, du steckst fest in dem System.« (Schülerin, 12 Jahre)

Viel zu häufig erleben sich Schüler:innen in der Ohnmachtsfalle. Sie haben wenig Einflussmöglichkeiten. »Du sollst« bestimmt die Tagesordnung. Einfluss zu haben auf das, »was mit mir geschieht«, ist jedoch ein wesentlicher Schritt zur Selbstwirksamkeit. Schule mit den Prinzipien Selektion, Konkurrenz,

Entfremdung ist schon seit langer Zeit selbst Risikofaktor. Statt Schüler:innen unter Stress durch einen standardisierten Leistungsapparat zu schleusen, brauchen junge Menschen eine Umgebung, die Wertschätzung, Dankbarkeit, Empathie und Werte vermittelt und Neugier, Mut und Begeisterung erhält. Eine Umgebung, die dabei unterstützt, die eigene Leidenschaft zu entdecken und zu entwickeln und diese im Sinne des Gemeinwohls einzubringen.

»Ich habe oft schlaflose Nächte, ich zittere, mein Herz rast. Viele Mitschüler:innen haben Kopfschmerzen und dolle Bauchschmerzen. Ich kenne einige, die Depressionen haben. Manche melden sich krank, weil sie nicht mehr können. Die kommen dann aber in einen Teufelskreis, weil sie Stoff verpasst haben.« (Schülerin, 15 Jahre)

Was lassen wir da an Verhärtung unserer Kinder und Verlust von ihren Potenzialen zu? Wir wissen, dass wir nur lernen können, wenn wir uns für etwas begeistern. Wir lernen, wenn wir uns selbstwirksam erleben, gegenseitig helfen und in guter Gemeinschaft fühlen. Viel zu viele Schulen funktionieren trotzdem immer noch wie Dressuranstalten im Fächer-, Noten- und Zeitkorsett, als ob Kinder kleine Maschinen wären.

»Das Schlimmste sind die Tests und die Klassenarbeiten. Kaum hat man den einen geschrieben, kommt schon der nächste. Du lernst zu funktionieren, wie eine Maschine. Eine Maschine, die Stoff ausspuckt, weit entfernt, wie abgeschnitten vom Leben und von Leichtigkeit.« (Schülerin, 15 Jahre)

»Wie fühle ich mich wirklich ... Das ist eine Frage, die ich heute zum ersten Mal ehrlich beantworten werde: scheiße. Es ist nicht,

dass ich einen wirklichen Grund hätte, mich seit jetzt knapp drei Jahren so zu fühlen. Im Gegenteil, ich habe eigentlich ein gutes Leben, teilweise stabile Familie, eine schöne Wohnung und genug Geld, um gut über die Runden zu kommen. Aber dann ist da diese lang anhaltende Traurigkeit und Leere. Tag für Tag, ohne Pause. Meine Freunde oder Bekannten würden mich wahrscheinlich als glücklichen, fröhlichen, immer lachenden Menschen bezeichnen – Fassade. Es war und ist der Schulstress, welcher mir solchen Druck macht und mich unglücklich macht. Schule ist für mich die reinste Qual – nur lernen, nur Leistungsdruck, dem du am Ende eh nicht gerecht wirst. Ich bin froh, dass endlich so etwas kam, ich habe mich nie getraut, es jemandem zu sagen oder mit jemandem zu sprechen, da ich nicht wusste, wie viele so fühlen.« (Schülerin, 13 Jahre, seit dem Wechsel aufs Gymnasium hat sie keine Freude mehr am Leben)

Nur wer radikal neu denkt, wird auch Neues gestalten. Gehen wir in Resonanz mit dem Schmerz der jungen Menschen in diesem Buch. Der Schmerz hat die Kraft, die verschütteten Potenziale, die unter unseren Gewohnheiten und Ängsten verborgen liegen, freizulegen.

Viele erwachsene Menschen haben Muster entwickelt, die der Härte zusagen und dem »Weiter so, hat mir auch nicht geschadet« – Muster, die uns führen, aber nicht mehr tragen. Tragende Ideen von Zukunft sind mit dem Fokus auf das Lebendige, Verletzliche verbunden. Unsere Kinder sind das innigste Symbol für alles Lebende, Anrührende, Zärtliche, Lächelnde, was unsere Herzen wirklich bewegt. Lassen wir uns von ihnen berühren.

»In der Schule muß das Leben sich verwandeln;
wenn es irgendwo weiter, tiefer, menschlicher werden soll,
so muß das in der Schule geschehen;
später verhärtet es schnell in Berufen und Schicksalen,
es hat nicht mehr Zeit, anders zu werden.«

Rainer Maria Rilke

Das Grundübel: der selektive Geist

»Entweder lernen wir, (...) zusammenzuleben, oder wir werden zusammen als Narren untergehen« – mit diesen Worten hat der Botschafter eines afrikanischen Staates bei der Weltkonferenz für Umwelt und Entwicklung 1992 in Rio de Janeiro Martin Luther King zitiert. Und er hat recht. Das Zusammenleben lernen ist eine der wichtigsten Zukunftskompetenzen in der global vernetzten Welt und eine zentrale Aufgabe für eine starke Demokratie. Zusammen zu leben lernt man beim Zusammenleben. Und die Schule ist dafür der bedeutsamste Ort. Je größer die Unterschiedlichkeit der Kinder ist, umso wichtiger ist es, gute Erfahrungen im Miteinander zu machen. Aussondernde Schulformen verhindern, das Zusammenleben zu lernen. Wenn wir Gerechtigkeit wollen und das Begabungspotenzial ausschöpfen wollen, müssen wir uns von konkurrenzfördernden spaltenden Systemen verabschieden. Aussondern beschämt Kinder, Aussondern behindert Chancengerechtigkeit. Die *Gemeinsame Schule für alle* ist grundlegend für eine Humanisierung der Schule.

Wir widmen uns diesem Thema ausführlich, da wir davon überzeugt sind, dass hier wesentliche Wurzeln gelegt werden für Gemeinsinn, Respekt und Toleranz, Achtung, Würde, Demokratie – oder eben auch nicht. Wir merken immer wieder, dass es vielen gar nicht bewusst ist, welche enorme Rolle unser selektives Schulsystem an dieser Stelle spielt, und dass es viele Länder gibt, in denen Kinder selbstverständlich bis Ende der Sekundarstufe I gemeinsam lernen, um des Gemeinsinns willen. Es ist uns ein Anliegen, das Bewusstsein für dieses bedeutsame Thema zu erweitern und die Herzen vieler zu erreichen, weil wir uns als Anwältinnen der Kinder verstehen.

An dieser Stelle sind wir alle aufgerufen, denn wir haben als Eltern und Bürger:innen Einfluss, die Situation zu ändern.

Es gibt viele Mythen, die oft unhinterfragt weitergegeben werden, wie: Längeres gemeinsames Lernen führt zum Absinken des Niveaus und zur Stärkung der Schwächeren auf Kosten der Leistungsstarken. Stimmt beides nicht, im Gegenteil. Die PISA-Ergebnisse zeigen, dass ein längeres gemeinsames Lernen zu besseren Gesamtleistungen und einem höheren Anteil an Spitzenleistungen führt. Estland zum Beispiel steht bei PISA in Europa auf Platz 1 und international auf Platz 4. Das Erfolgskonzept: Gesamtschule bis zur 9. Klasse mit individueller Förderung. Auch Kanada, bekannt für sein hervorragendes Bildungswesen, hat ebenfalls ein Gesamtschulsystem.

Selektion prägt Haltungen

Drei Situationen, die wir beobachtet haben, berühren uns schmerzhaft: In einer Berliner U-Bahn unterhalten sich zwei etwa zwölfjährige Mädchen über Anna, die jetzt in die Doofenschule geht. Offensichtlich kennen sie das Mädchen aus der Grundschulzeit, sie wohnt in der Nachbarschaft. Wir schalten uns ein und fragen: »Was meint ihr denn mit Doofenschule?« Ein Mädchen antwortet lachend: »Die dumme Anna geht zur Oberschule, wir beiden gehen aufs Gymnasium.« Situation 2: Leipzig, erster Schultag auf einem Schulcampus mit Oberschule und Gymnasium. Das Gymnasium ist neu, im Aufbau. Wir besuchen die Schulleiterin, um ihr zu ihrer neuen Aufgabe zu gratulieren. Beim Abschied stehen wir vor der Schule, und ein Mädchen kommt angerannt. Sie fragt die Schulleiterin: »Wer sind Sie denn?«

»Ich bin die neue Schulleiterin hier vom Gymnasium.«

Das Mädchen guckt kurz auf und sagt: »Ach so, vom Gymnasium. Dafür bin ich ja zu dumm. Ich muss hier nebenan auf die Oberschule«, und rennt weg.

Solche Situationen treffen uns ins Herz. Und wir fragen uns: Was tun wir unseren Kindern an mit der frühen Selektion? Und wie kann es sein, dass Zwölfjährige so überheblich über ein anderes Kind reden, nur weil es nicht auf dem Gymnasium ist? Wir alle haben schon beobachtet, wie kleine Kinder sich für den Müllmann und sein Müllauto begeistern und stundenlang zuschauen können. Und später schauen sie verächtlich auf ihn herab. Wo haben sie das her?

Von uns, den Erwachsenen, die ihnen die Abwertung bestimmter Menschen vorleben.

Dritte Situation: Tim, ein zartes Kind, geht auf ein Evangelisches Schulzentrum, hat viele Freunde in der Klasse und fühlt sich wohl. Die Aufregung vieler Kinder in der 4. Klasse wegen des Übertritts versteht er nicht. Tim kommt auf die Mittelschule. Für ihn okay, doch seine Freunde aus der Grundschule nennen ihn auf einmal »EMMI«. Emmi ist die herabwürdigende Abkürzung für Schüler, die es nicht aufs Gymnasium geschafft haben und jetzt in der Mittelschule sind. In der Schlange bei der Essensausgabe soll Tim sich hinten anstellen. »EMMIS nach hinten«, das sagen seine eigenen Freunde. Nach ein paar Wochen findet ihn seine Mutter auf dem Balkon im dritten Stock. Tim: »Wenn ich jetzt springe, ist das alles vorbei mit der Schule.«

Ein Kind will sich mit zehn Jahren in den Tod stürzen, um das Abwerten nicht mehr ertragen zu müssen. Wohin sind wir gekommen mit dem selektiven Geist? Mit unserem Leistungsanspruch an Kinder, der Kälte den zarten Kinderseelen gegenüber? Stellen Sie sich vor, alle Kinder würden neun Jahre auf eine Schule gehen und mit Freude lernen, ohne Angst, sortiert zu werden. Wie würde das Kinder und Eltern entlasten. Freundschaften würden nicht mehr auseinandergerissen, der soziale gesellschaftliche Zusammenhalt würde gestärkt.

Wir setzen auf Trennendes

Das deutsche Schulsystem ist eines der selektivsten der Welt. Deutschland ist Spitzenreiter in der sozialen Exklusion von Kindern aus einkommensschwachen gesellschaftlichen Schichten, aus Einwandererfamilien und auch von Menschen mit einer Behinderung. Während in anderen Ländern das Bildungssystem soziale Benachteiligung ausgleicht, wird diese in Deutschland durch das selektive System weiter verstärkt. Wer nicht in das Einheitsschema passt, wird nach unten durchgereicht. Wenn sich aber schon Drittklässler Sorgen machen müssen, ob sie die Zulassung zum Gymnasium schaffen, wenn sie unter Angst lernen und ihren Selbstwert über die Schulform definieren, dann ist das eine Beschädigung von Kinderseelen.

Wir brauchen Kinder mit Empathie für Benachteiligte, die Fähigkeit zu Kooperation, Kreativität und Gestaltungsmut! Uns scheint gar nicht klar zu sein, was wir mit diesem elitären Kastendenken, das Kinder als »Hauptschüler«, »Mittelschüler«, »Gesamtschüler« und »Gymnasiast« etikettiert, ausrichten. Welche Wirkung es für den Gemeinsinn in unserer Gesellschaft hat und für die Entwicklung gruppenbezogener feindlicher Haltungen. Wie wollen wir das Zusammenleben in der einen Welt lernen, wenn wir es nicht schaffen, unseren Kindern die Erfahrung zu ermöglichen, dass Vielfalt eine Schatzkiste mit ungeheuren Potenzialen ist?

Es gibt viele wunderbare Grundschulen, die kindgerecht arbeiten, in anregenden Umgebungen, ohne Noten. In Klasse 3 fängt es jedoch auch dort meist an mit Zweifeln und Forderungen der Eltern: Wird genug Stoff durchgenommen? Jetzt müssen Noten her, damit wir wissen, wo unser Kind steht. Bekommt es eine Gymnasialempfehlung, wird es gut genug auf das Gymnasium vorbereitet? Für die Empfehlung nach der Grundschulzeit sind Noten die zentralen Selektionsinstrumente. Viel zu oft hat das Folgen. Wir treiben Kinder durch den Stoff, lassen die Kinder nicht Kinder sein, entwerten ihnen das Spielen, machen sie zu Objekten von Standards. Dabei ist das Mitgefühl gefährdet, verloren zu gehen. Kinder werden zu Gewinnern und Verlierern und nicht zu Meistern ihrer Talente. Was das mit Kindern anrichtet, wird im Optimierungswahn oft nicht wahrgenommen. Wir greifen in den natürlichen Lernprozess ein, stören ihn, erzeugen Erwartungen, Leistungsdruck, Angst, Stress und Verunsicherung – bei allen Beteiligten.

Wir setzen generell auf Trennungen. Statt in fächerübergreifenden Projekten denken wir in fachspezifischen Lehrplänen. Wir trennen die Kinder nicht nur in verschiedenen Schulformen, sondern innerhalb der Schule in Jahrgänge und Klassen. Wir trennen durch Bewertungen und Diagnosen – und wir trennen dabei viel zu oft das Leben ab. Und auch die Bundesländer sehen das Trennende und befinden sich im Wettkampf um die besten Plätze beim Bildungsniveau-Ranking, oftmals ohne Werteorientierung. Das bedeutet: im alten Geist der Konkurrenz, den es doch eigentlich zu überwinden gilt, wenn wir ein Miteinander in unserer Gesellschaft anstreben. Wir haben einst Systeme geschaffen, die Ordnung bringen sollten – was auch gut war. Nun sind wir Gefangene der Systeme. Die jungen Menschen spüren das, davon zeugen auch die siebzig Briefe, die uns dazu gebracht haben, dieses Buch zu schreiben. In einem der Briefe steht: »*Wer sind wir? Wir sind Gefangene des Bildungssystems. Und genau das wollen wir ändern.*«

Besonders kinderfeindlich ist das Übertrittssystem in Bayern. Anfang Mai erhalten die Kinder in ihrem vierten Schuljahr ein Übertrittszeugnis. Die Noten in Deutsch, Mathematik und Heimat- und Sachkunde sind ausschlaggebend für den Übertritt. Mit einem Durchschnitt von 2,33 oder besser wird dem Kind die Eignung für das Gymnasium attestiert. Man spricht vom Grundschul-Abitur. Eltern, die Angst haben, dass ihre Kinder nicht mitkommen, machen schon in der dritten Klasse Druck. Kinder, die eine Drei schreiben, weinen. Damit muss Schluss sein. Wir dürfen nicht zuschauen, wie unsere Kinder durch so ein System seelisch krank werden.

»Die Proben sind ganz schrecklich, viel zu viele, extrem viele, und dann haben immer viele geweint. Die Hälfte der Klasse hat geweint, wenn sie zurückgegeben wurden. Das war schrecklich. Und dann hatten die einen Eltern, die helfen konnten, und die anderen hatten die eben nicht, und die kamen dann auf die Mittelschule, meistens. Das war so klar für alle Kinder.«
(Schüler, 11 Jahre)

»Manchmal waren die Jungs anfangs echt voll auf cool, aber dann haben welche geweint. Voll diskriminierend war das, vor allen anderen bekamen sie eine schlechte Note.«
(Schülerin, 11 Jahre)

»Ist dein Kind nicht erfolgreich, machst du etwas falsch«

Eine Lehrerin, die an einer Mittelschule unterrichtet, schreibt: *»Wenn die Kinder nach dem Übertritt bei uns in der Mittelschule ankommen, sind sie am Ende. Sie haben immer nur erfahren: Du bist nicht gut genug. Deine Leistungen sind schlecht. Du bist dumm. Das hören die Kinder sogar von Lehrern, und sie sind halt die Loser. Kommen sie zu uns auf die Mittelschule, müssen wir sie erst einmal aufpäppeln, richtig lange aufbauen. Auch die Eltern erzählen, dass sie zum ersten Mal seit Jahren erleben, dass ihr Kind keine Angst hat, in die Schule zu gehen, wieder Freude hat. Sie erzählen, sie hätten nicht jeden Tag Kampf, dass die Kinder überhaupt gehen. Die Kinder sind total fertig mit der Welt. Der Kampf beginnt mit Hausaufgaben, Unmengen an Hausaufgaben, die die Kinder gar nicht bewältigen können, wo sie jeden Tag erfahren: Ich schaff gar nicht, was von mir erwartet wird. Und dann die Noten. Ständig für Noten lernen. Ständig Proben, Abfragen und viele Hausaufgaben. Die Eltern versuchen, das durchzukämpfen, sich mit den Kindern hinzusetzen, und die Kinder können einfach nicht mehr. Und plötzlich ist dieser massive Druck weg, und die Kinder haben wieder Erfolgserlebnisse und wieder Lust zu lernen. Es funktioniert mit Angst und Druck einfach nicht. Und die Eltern fühlen sich auch als Verlierer. Es ist schlimm, die Scham, denn auch den Eltern wird permanent gespiegelt: Ist dein Kind nicht erfolgreich, machst du was falsch. Auch da ist ein großes Leid in Familien. Eltern sagen, wir gefährden auch die Beziehung zwischen dem Kind und uns, weil es ständig nur noch um Schule geht und um Leistung. Und wenn die Leistung nicht gut ist, ist die Beziehung schlecht. Es belastet Familien massiv. Eltern sagen, wir können unserem restlichen Leben gar nicht mehr nachkommen. Es ist* *wirklich der Wahnsinn. Und das alles wegen der Selektion nach der vierten Klasse. Die Note ist gut oder sie ist schlecht – Raum für andere Dinge gibt es nicht. Es ist wirklich ein Verbrechen an den Kindern und den Familien, die da alle in Geiselhaft genommen werden von diesem Übertrittswahnsinn. Es hat mit Lernen nichts mehr zu tun. Kinder lernen dann gut, wenn es ihnen gut geht, wenn sie sich wohlfühlen. Sonst kommt ja nichts ins Gehirn. Wenn wir den Anspruch haben, Kinder sollen möglichst viel lernen in der Schule, dafür ist ja Schule da, dann müssen wir dafür sorgen, dass es Kindern gut geht. Die Eltern, die Druck machen, sind im Zwiespalt. Einerseits sagen sie, sie wollen das nicht, und fühlen sich schlecht; andererseits ist da die Angst, die immer wieder reproduziert wird: Wenn dein Kind nicht aufs Gymnasium geht, hat es keine Chance, keine Möglichkeit auf einen guten Schulabschluss. Du hast dann versagt als Eltern.«*

Welche Formen und Folgen der Selektionswahn inzwischen angenommen hat, erzählte uns auch ein Grundschulleiter auf einer Tagung. Die Kinder haben im Mai ihre Übertrittsempfehlungen bekommen, und am nächsten Tag kamen sie mit Kindersekt und Konfetti und wollten ausgelassen Party feiern. Nach dem Motto: »Hey, wir kommen aufs Gymnasium und machen Abitur!« Und die anderen, die keine Empfehlung bekommen haben, schauen zu.

Als gäbe es nützliche und weniger nützliche Menschen

Der Bielefelder Professor Wilhelm Heitmeyer und sein Team haben schon vor mehr als einem Jahrzehnt in der Langzeitstudie »Gruppenbezogene Menschenfeindlichkeit« die Ängste der Menschen sowie ihre Einstellung gegenüber schwachen Gruppen und der Demokratie untersucht. Heitmeyer trieb die Frage um: Was hält die Gesellschaft zusammen? Diese Frage ist immer zugleich auch eine Frage danach, was die Gesellschaft spaltet. Die Befragungsdaten sind alarmierend: Über ein Drittel der Deutschen stimmt folgenden Aussagen tendenziell zu: Es gibt *nützliche und weniger nützliche Menschen. Die Gesellschaft kann sich weniger nützliche Menschen* (33,3 Prozent) *und menschliche Fehler nicht (mehr) leisten* (34,8 Prozent). Etwa 40 Prozent der Befragten sind der Ansicht, in unserer Gesellschaft würde *zu viel Rücksicht auf Versager* genommen. Zu viel Nachsicht mit solchen Personen gilt 43,9 Prozent als unangebracht, und etwa ein Viertel stimmt der Aussage zu, dass *»moralisches Verhalten (...) ein Luxus (ist), den wir uns nicht mehr leisten können«* (25,8 Prozent).[4]

All das zeigt, dass Teile des Bürgertums die Solidarität mit »denen da unten« aufkündigen und einen *eisigen Jargon der Verachtung* pflegen.

Dabei mangelt es nach wie vor nicht an der grundlegenden Fähigkeit zur Menschlichkeit, sondern an den Gelegenheiten, diese Menschlichkeit in Form von echten, zwischenmenschlichen Begegnungen zu erleben und auszudrücken. Wo, wenn nicht in der Schule, wäre dies möglich?

Heitmeyer konstatiert: Menschenfeindlichkeit wird erkennbar in der Betonung von Ungleichwertigkeit. Haben solche besorgniserregenden Haltungen mit dem Schulsystem zu tun? Leider ja! Denn das selektive Schulsystem betont die Ungleichwertigkeit, es trennt die vermeintlich »Besseren« und »Nützlichen« vom Rest, »produziert« Schwache und Versager.

Gefährdet es damit den Zusammenhalt der Gesellschaft? Gefährdet es die Demokratie?

Die PISA-Vergleiche mit dem Fokus auf wenige, vor allem kognitive Fächer stehen geradezu allmächtig da. Immer wird gefragt: Welche Unterrichtsform hat den besten Erfolg, welcher Test ist der beste? Empirische Themen haben die Oberhand. Standardisierte Schüler, vermessene Schulen, Rankings. Ständige Vergleichsstudien führen zu der Gefährdung, dass Fach(Leistungs-)wissen sehr viel wichtiger genommen wird als Werte, Persönlichkeitsentwicklung, Menschlichkeit. Ökonomisierung prägt auch unsere Schulen. Das bringt uns nicht in die Verbundenheit, in die Kraft des Wir, die wir im 21. Jahrhundert brauchen. Das hält uns fest im alten Geist der Konkurrenz.

Herkunft bestimmt maßgeblich den Bildungserfolg

Rund 50 000 Jugendliche verlassen bundesweit jedes Jahr ohne Abschluss die Schule. Das ist ein Skandal. Das selektive System benachteiligt strukturell vor allem Arbeiterkinder und Kinder mit Migrationsgeschichte. Im reichen Deutschland lebt jedes fünfte Kind in Armut. Der Bildungserfolg hängt so stark wie in keinem anderen Industrieland von der sozialen Herkunft der Eltern ab. Kinder aus sozioökonomisch benachteiligten Familien erhalten nur etwa halb so häufig eine Gymnasialempfehlung wie Kinder aus privilegierten Familien.[5] Auch bei gleichen Leistungen ist die Wahrscheinlichkeit noch deutlich niedriger. Auch das ist ein Skandal! Von 100 Akademikerkindern studieren 70 und von 100 Nichtakademikerkindern nur 27.[6] Was passiert zwischen Grundschule und Abschluss, das Kinder aus nichtakademischen Familien so benachteiligt? Es ist die Macht der Herkunft im selektiven System, die zu strukturellem Rassismus und zu systematischer Ignoranz des Potenzialschatzes dieser Kinder führt. Das zentrale Ergebnis einer Studie der Bildungsforscher Franz Baeriswyl, Kai Maaz und Ulrich Trautwein lautet: »Die Herkunft wird mitzensiert.«[7] Dazu kommt noch das Förderschulsystem als weitere menschliche und strukturelle Benachteiligung.

Die UN erteilt Deutschland eine Rüge

Inklusion hat eine menschenrechtliche Herkunft und Zukunft. Sie leitet sich ab aus der Allgemeinen Erklärung der Menschenrechte, aus der UN-Konvention über die Rechte der Kinder, aus der UN-Konvention über die Rechte Behinderter. Menschenrechte sind Grundrechte. Inklusion gelingen zu lassen bedeutet: Heterogenität als Normalität zu akzeptieren und Vielfalt als Chance zu betrachten. Mit Blick auf die großen ökologischen und gesellschaftlichen Probleme, mit denen wir uns konfrontiert sehen und die die Weltgemeinschaft nur gemeinsam lösen kann, bedeutet dies auch: Die Fähigkeit, die Stärken eines jeden Einzelnen zu sehen, um so in einer heterogenen Gruppe konstruktiv arbeiten und innovative Lösungen finden zu können. Inklusion bedeutet: Wertschätzung aller. Wertschätzung ist der Schlüssel, denn nichts baut Menschen mehr auf. Gemeinsames Lernen bis zur zehnten Klasse gemäß den individuellen und besonderen Bedürfnissen jedes Einzelnen anstelle von Selektion und Stigmatisierung Einzelner ist eine Riesenchance.

Deutschland hat 2009 die UN-Behindertenrechtskonvention ratifiziert. Sie ist seitdem geltendes Recht. Doch die Umsetzung weist 15 Jahre später immer noch erhebliche Mängel auf. Bei der Prüfung, wie die Länder die UN-Behindertenrechtskonvention umsetzen, erhielt Deutschland 2024 von der UN eine Rüge. Die Vereinten Nationen vermissen einen Plan, wie inklusive Bildung in Deutschlands Schulen vorangetrieben und sinnvoll durchgeführt werden kann. Und mit einer Exklusionsquote von 4,5 Prozent ist Deutschland in Europa klares Negativ-Schlusslicht. Exklusionsquote bedeutet, wie viele Kinder eine separate Förderschule besuchen. Italien hat eine Exklusionsquote von null Prozent. Die skandinavischen Länder haben Quoten von 0,1 oder 0,2 Prozent.

Inklusion ist ein Menschenrecht, das im deutschen Schulsystem nicht umgesetzt wird!

Die UN bemängelt die »Vorherrschaft der Förderschulen«. Dazu kommt, dass die überwiegende Mehrheit der Schülerinnen und Schüler solche Schulen ohne regulären Abschluss verlassen. Damit sind sogenannte Exklusionsketten und Altersarmut vorgezeichnet. Kinder aus Familien mit Migrationsgeschichte sind überproportional häufig an Förderschulen vertreten.

Inklusion beginnt in den Herzen der Menschen, im Geist, der in Schulen weht.

Inklusion bedeutet: Alle lernen mit allen gemeinsam!

Alle gehören immer und von Anfang an zusammen – mit all der wunderbaren Vielfalt, die es gibt.

Selektion und Demokratie – ein Widerspruch

Das System lehrt sehr früh Konkurrenzgeist, dass es Gewinner und Verlierer gibt. Es lehrt, dass Schwache draußen bleiben. Dass Menschen nicht denselben Wert und dieselben Chancen haben. So werden die Grundlagen einer Demokratie – Freiheit und Gleichheit – unterlaufen.

Es fehlt in unserer Gesellschaft nicht an Wissen, sondern an Respekt und Toleranz, Verständnis und Verständigung, Gemeinsinn und Wirgefühl. Dabei sind das die Quellen des Bürger:innensinns!

Wie kann die Gesellschaft zusammengehalten werden, wenn das von ihr organisierte Bildungswesen vor allem diejenigen Kinder weiterbringt, deren Eltern es schon weit gebracht haben? Wenn sich Privilegien vererben? Wie sollen die Verlierer:innen der Gesellschaft zu Gewinner:innen werden können, wenn die Kinder schon in der Schule Gegenwind bekommen?

Dabei muss ein öffentliches Schulsystem, das sich auf Demokratie, soziale Gerechtigkeit und Menschenrechte gründet, eigentlich für Gerechtigkeit sorgen. Alle Kinder brauchen Selbstwirksamkeitserfahrungen – und in besonderer Weise sozial »abgehängte« Kinder und Jugendliche.

Was macht Menschen fähig, sich selbst zu achten und Verletzungen zu überstehen? Dazu gehört, dass sie teilhaben an der Gesellschaft, dass sie nicht ausgegrenzt werden. Um sich artikulieren, um Rechte zu erkennen, zu achten und zu vertreten, braucht es Bildung, das Gefühl der Zugehörigkeit und Würde. All das sind Grundbedürfnisse des Menschen.

Bei den sogenannten Abgehängten herrscht Unsicherheit in Bezug auf die eigene Leistungsfähigkeit und damit ein schwaches Selbstwertgefühl: Was bin ich wert? Was kann ich? Viele Menschen machen die Erfahrung, dass sie vor allem wegen ihrer Bedürftigkeit beachtet werden, nicht aber wegen ihrer Stärken und ihrer Persönlichkeit. Sie sind in einem Land ganz unten, das wirtschaftlich eigentlich ganz oben ist.

In einer Demokratie gestaltet eine Gemeinschaft miteinander ihre Zukunft.

Schule ist der zentrale Ort, an dem wir als Gesellschaft genau das einüben können. Wo das Zusammenleben gelernt wird, wo Zukunft miteinander gestaltet werden kann. Aber wie wollen wir das Zusammenleben in einem Land und einer globalen Welt lernen, wenn wir uns noch nicht einmal trauen, Kinder acht oder neun Jahre gemeinsam lernen zu lassen?!

Eine öffentliche Diskussion über den notwendigen Paradigmenwechsel zum inklusiven Schulsystem findet zurzeit nicht statt. Im Gegenteil: Unser Bildungssystem grundsätzlich infrage zu stellen, ist in Deutschland politisch so brisant, dass dieses Thema meist komplett ausgeklammert wird. In den Kultusministerien wird die Tabuisierung des Themas »Schulfrieden« genannt. Kann man etwas Frieden nennen, was zu Ausgrenzung von Menschen führt? Hier ist Zivilgesellschaft gefragt. Haben wir den Mut zum Umdenken?

Empathie, Achtung und Solidarität – diese für die Demokratie so wichtigen Haltungen – haben in inklusiven Systemen eine viel größere Chance, in den Herzen der Menschen zu wachsen. Daher treten wir ohne Wenn und Aber für das gemeinsame Lernen aller Kinder ein. Und wir sind überzeugt: Das Etablieren der inklusiven, gemeinsamen Schule mit zukunftsfähiger Lernkultur bis zum Ende der Sekundarstufe I ist eine wichtige gesellschaftliche Aufgabe für eine starke Demokratie!

Schule für alle fördert alle – auch Hochbegabte!

Von 2007 bis 2016 habe ich, Margret, die Evangelische Schule Berlin Zentrum (esbz) aufbauen dürfen. Die esbz ist für ihr innovatives Konzept international bekannt und anerkannt. Wir hatten das Glück, von 2008 bis 2015 an der *Pilotphase Berliner Gemeinschaftsschulen* des Berliner Senats teilnehmen zu dürfen. Kernfragen der wissenschaftlichen Begleitung waren: Wie kann in heterogenen Gruppen erfolgreich für *alle* gelernt werden, und kann längeres gemeinsames Lernen die Kluft zwischen Herkunft und Schulerfolg verringern? Neben der Persönlichkeitsentwicklung, individueller Förderung und demokratischen Strukturen wurde der Lernzuwachs von Klasse 7 bis 10 in Deutsch, Mathe, Englisch und Naturwissenschaften gemessen. Verglichen wurden die Schüler:innen mit einer Kontrollgruppe von Hamburger Schulen im mehrgliedrigen Schulsystem, die eine vergleichbare Schülerschaft im Hinblick auf Geschlecht, Familien, Sprache und soziokulturellem Hintergrund hatten. Die Ergebnisse waren eindeutig. Der Lernzuwachs bei den Schüler:innen der esbz war in allen Bereichen erheblich besser als bei der Hamburger Kontrollgruppe, und zwar sowohl bei den Hochbegabten und leistungsstarken Schüler:innen als auch bei den Lernschwachen. Der Mythos, gemeinsames Lernen benachteilige begabte Schüler:innen, wurde damit klar widerlegt.

Die esbz hat eine sehr heterogene Schülerschaft: Kinder mit Downsyndrom und Förderschwerpunkt Lernen, Kinder mit Förderschwerpunkt »sozial-emotional«, Kinder mit LRS und Dyskalkulie und auch Kinder mit Gymnasialempfehlung und Diagnose Hochbegabung – das alles in ausgewogener Mischung. Das Erfolgsgeheimnis der esbz: Alle sind willkommen. Eine wertschätzende Beziehungskultur prägt die Schulkultur.

Beim jahrgangsübergreifenden Lernen können die Jugendlichen sich gegenseitig helfen, und Rituale werden selbstverständlich abgeschaut. Die Individualisierung des Lernens in sogenannten Lernbüros für Deutsch, Mathematik und Englisch fördert Motivation und ermöglicht selbstbestimmtes Lernen auf verschiedenen Niveaus. Rituale, eine klare Struktur und wöchentliches Einzelcoaching durch Lehrer:innen unterstützen die Jugendlichen. An einem Tag pro Woche können die Schüler:innen in Projekten eigenen Fragen nachgehen und spannende Themen in Teams bearbeiten. »Verantwortung« und »Herausforderung« sind die Bezeichnungen für neue Lernformate im Leben durch Erfahrung. Ein breites Angebot an Werkstätten, die zum Teil von Schüler:innen geleitet werden, kommt Interessen entgegen und bietet Freiräume. Und das alles in Klassen mit 26 Schüler:innen. Es liegt auf der Hand, dass so ein Konzept auch diejenigen fördert, die sonst in der Schule unterfordert sind. An der esbz geht es um forschen statt gehorchen, über sich hinauswachsen dürfen statt Anpassung an Gleichschritt, das Beste im Team geben, statt sich in Konkurrenz als Bester zu beweisen. All das prägt die Schulkultur.

»Mein Leben hat sich durch diese Schule verändert. Ich bin selbstsicherer geworden, und mir ist nicht mehr so viel peinlich. Ich glaube, dass ich viel schaffen kann, auch mit Menschen zusammen, die nicht so engagiert sind wie ich, oder mit welchen, die mit vielem besser umgehen als ich. Ich bin froh, dass ich mir dessen bewusst bin. Ich fühle mich wohl in so einem Chaos aus Menschen, Charakteren und Ansichten. Und es sind nicht nur meine Pankower Freundinnen, die ich kennen- und mögen gelernt habe, sondern Jugendliche aus ganz Berlin, wo jeder anders erzogen ist und eine andere Lebensweise hat. Ich und auch viele andere haben an der esbz gelernt, kleine Aussetzer

und Auffälligkeiten zu tolerieren, denn hat nicht jeder seine Fehler? Und ist es nicht besser, diese zeigen zu können, anstatt sie zu verstecken?« (Schülerin, 14 Jahre)

Einen lebendigen Eindruck von der Lernkultur der esbz gibt der Kurzfilm auf der DVD »Die Musterbrecher«.[8]

Überzeugt vom Konzept der Gemeinschaftsschule für alle wagte die esbz einen weiteren Schritt und bewarb sich 2013 erfolgreich für den Preis der KARG-Stiftung, mit dem exzellente Hochbegabtenförderung ausgezeichnet wird. Gewürdigt wurde die hohe Auszeichnung mit einem zweitägigen Kongress in der Goethe Universität in Frankfurt und 50 000 Euro Preisgeld. In der Laudatio wird deutlich, was eine gute Gemeinschaftsschule auszeichnet: »… Ausgrenzung ist wenigstens im schulischen Kontext fast immer eine Folge eines selektierenden Wettbewerbs. Wenn dies alles aber in einer Schule nicht angelegt ist wie in der esbz, weil das soziale Vergleichssystem Klasse, das öffentliche Notenranking von ›besser‹ und ›schlechter‹, kurzum das Leistungswettbewerbsprinzip nicht außer Kraft gesetzt, aber weithin auf eine andere, produktive Ebene, nämlich der Selbstorganisation des Lernens, der Herausforderung ernsthafter Aufgaben und der Gestaltung der schulischen und gesellschaftlichen Mitwelt verschoben wird, entfällt das pflichtschuldige Bemühen um Inklusion. … Das Konzept der esbz zieht seine Kraft aus den engagierten Menschen und aus dem Wertekonsens, für den sich die Schule entschieden hat.«[9]

Der tradierte Leistungsbegriff

Leistung kann anspornen, Leistung kann Freude bereiten, Leistung kann Ausdruck von Gestaltungswillen oder gesundem Ehrgeiz sein. Hochleistung erleben wir im Flow. Wenn allerdings Kinder und Jugendliche in der Schule erleben, dass sich alles immer nur um Noten dreht, dass Noten ihren Wert bestimmen, dann führt das zu Leistungsdruck und Stress, was sich negativ auf ihre Gesundheit auswirkt. Jede und jeder von uns weiß es aus eigener Erfahrung: Druck und Angst machen eng. Angst blockiert, Angst ist kein schönes Gefühl. Kinder haben aus Angst Denkblockaden. Gestern wusste ich es noch alles, und jetzt bei der Klassenarbeit – einfach weg, Blockade!

Heute wissen wir aus der Hirnforschung, dass Lernfreude und Leistungsbereitschaft durch gute Beziehungen gefördert werden. Verantwortlich dafür sind die Botenstoffe Oxytocin, Dopamin und Opioide. Diese werden verstärkt ausgestoßen, wenn ein Kind Zeit, Wertschätzung, Interesse, Aufmerksamkeit und Anerkennung erfährt. Und es gibt ein weiteres faszinierendes Phänomen der Neurobiologie: Spiegelneurone ermöglichen, sich in einen anderen Menschen hineinzuversetzen und Empathie aufzubringen. Sie führen auch dazu, dass ein Kind die ausgesprochene oder stillschweigende Erwartung von Eltern oder Lehrern verinnerlicht. Das gilt negativ wie positiv. Daher ist es so wichtig, dass wir in Beziehung gehen, die Stärken der Kinder in den Mittelpunkt stellen, aus dem Potenzialblick her auf die Kinder schauen, ihnen Vertrauen schenken, ihnen Dinge zutrauen und zumuten.

Was zählt?

»Ich will meine Eltern nicht enttäuschen. Mein Körper schreit nach einer Pause, aber ich muss weiterlernen. Dabei habe ich Schuldgefühle, dass ich vor Verzweiflung heulen könnte. So versuche ich, weiterzumachen, obwohl ich nicht mehr kann.«
(Schülerin, 14 Jahre)

»Wir werden wie kleine Erwachsene behandelt, aber wir sind doch Kinder. Mein Terminkalender ist voll – Test, Vortrag, Hausaufgaben, immer nur Druck und Stress. Wenn ich es dann doch vor Mitternacht geschafft habe, ins Bett zu gehen, liege ich noch lange Zeit wach. Es rattert in meinem Kopf: Was ist, wenn ich nicht genug gelernt habe? Was ist, wenn ich etwas vergessen habe? Was ist, wenn ich es doch in der Prüfung nicht kann?«
(Schüler, 15 Jahre)

»Wenn ich an das Wort Schule denke, verbinde ich damit enormen Druck, viele Abende, an denen ich wegen Überforderung heule, und die Enttäuschung, wenn man trotz großer Anstrengungen keine gute Note bekommt. Schule hat mein Leben übernommen, ich regele mein Leben nach der Schule.«
(Schülerin, 15 Jahre)

Noten gelten weitverbreitet immer noch als Währung für Leistung. Obwohl empirische Untersuchungen zeigen, dass Noten nicht objektiv, vergleichbar und valide sind, halten wir daran fest. Sogar bei Mathematikarbeiten gibt es erhebliche Unterschiede in der Bewertung von Schülerleistungen, wenn diese von verschiedenen Lehrern vorgenommen werden. Das Gutachten des Grundschulverbandes *Sind Noten nützlich – und nötig?* kommt zu dem Schluss: »Noten betonen einseitig die

Bewertungsfunktion und haben negative Auswirkungen auf die Lernmotivation von leistungsschwächeren Schüler:innen, und sie beschädigen die Kraft intrinsischer Motivation, auch bei den leistungsstärkeren. Als Bewertungen dienen sie der Disziplinierung und Selektion. Spätestens seit der UN-Kinderrechtskonvention erweist sich ein hierarchisches Verständnis von Leistungsbeurteilung als nicht mehr zeitgemäß. Nicht Anpassung und Gehorsam, sondern Mitbestimmung und Selbstverantwortung sind vorrangige Erziehungsziele einer demokratischen Schule. Eine demokratische Schule hat die Persönlichkeit der Schüler:innen durch Formen der Dokumentation und der Bewertung von Leistung zu achten, die ihre Selbstständigkeit fördert, statt Abhängigkeiten zu verstärken. Einem solchen Verständnis von Schule sind Noten als Belohnungs- oder Bestrafungssystem nicht mehr angemessen. Vielmehr ist die Fähigkeit zur Selbsteinschätzung und zum konstruktiven Umgang mit Kritik zu fördern. Hierfür ist eine sachliche Information der Schüler:innen über den individuellen Stand ihrer Lern- und Leistungsentwicklung unerlässlich.«[10]

»Ich habe das Gefühl, dass Schule nur für Prüfungen da ist und dafür, uns mit Noten zu beurteilen. Wir sind aber viel mehr als eine Note.« (Schüler, 14 Jahre)

»Ich kenne Kinder, die haben bei schlechten Noten echt Angst, nach Hause zu gehen, weil sie bestraft werden und angeschrien.« (Schülerin, 14 Jahre)

»Die Schule ist für mich Stress. Und alles nur für Ziffern von 1–6. Die Noten sind es, die dich dazu bringen, zu lernen und zu lernen, und du weißt dennoch, du kannst nicht alles leisten, was von dir erwartet wird.« (Schüler, 15 Jahre)

Dennoch erscheint eine Schule ohne Noten vielen Menschen unvorstellbar, obwohl es ja seit Jahren positive Beispiele gibt. *Ohne Noten keine Leistung … Schüler brauchen Druck, sonst leisten sie nichts … Kuschelpädagogik verhindert Leistung …* all das sind Annahmen und Muster, die tief verankert sind und unser Denken lenken. Die meisten Menschen kennen nichts anderes. Wir neigen dazu, an unseren Vorstellungen und inneren Überzeugungen festzuhalten, sie bewahren zu wollen, in unserem selbst gemachten Gefängnis zu verharren.

Und es gibt sie, die guten Beispiele für Lernen ohne Noten und alternative Leistungsbeurteilungen. Das Schulportal hat einige Beispiele zusammengestellt:

Noten erzeugen Nöte

Was uns im *RealLabor* beschäftigt, ist die Frage: Wie geht es den Kindern und Jugendlichen mit den Noten? Und was uns Sorge bereitet, sind die Noten-Nöte, die in den Schülerbriefen so deutlich werden: Noten schüren Vergleich und Konkurrenz, Noten führen zu Ängsten, Noten führen zur Bestnotensucht, das Leistungsprinzip Bestnote gefährdet die psychische Gesundheit und führt zu Überforderung und Erschöpfung. Wohlgemerkt keine Einzelfälle, wie viele Schüler:innen und auch Psycholog:innen bestätigen. Noten bringen auch die Lehrkräfte in Not: Sie brauchen Noten! Wofür? – für die Noten-Zeugnisse. Welch ein fataler Kreislauf, der alle in Not bringt, die Kinder, die Lehrer:innen und oft auch die Eltern.

*»Normalerweise sind alle Schüler*innen von Natur aus neugierig und wissbegierig. Aber das wird zerstört, wenn man nur für Noten auswendig lernen muss und irgendwann denkt, dass der einzige Grund, irgendetwas zu lernen, Noten sind.« (Schülerin, 14 Jahre)*

»Für mich bedeutet Schule, jeden Tag früh aufstehen und mit Bauchschmerzen in die Schule müssen. Und nachmittags nach der Schule nach Hause kommen und weinen. Ich habe Angst zu versagen.« (Schülerin, 13 Jahre)

»Ich schlafe meistens schlecht ein, weil mir das Horrorszenario durch den Kopf geht: Schaffe ich mein Abi nicht, schaffe ich mein Leben nicht. Ich weiß auch von anderen, dass sie bis tief in die Nacht hinein arbeiten und lernen. Alles nur für gute Noten.« (Schülerin, 17 Jahre)

Wir sind eingeladen in eine 10. Klasse. Politikunterricht, es geht um das Schulsystem. Wir erzählen von den Briefen der Schüler:innen. Aus einer Schülerin bricht heraus: *Uns wird hier systematisch das Fühlen abtrainiert.* Es entspinnt sich ein lebhafter Dialog, der darin mündet: *Lasst uns auch Briefe schreiben. Wer macht mit?* Zwölf Schüler:innen stehen auf. Wie sind dabei! Zwei Tage später erreicht uns per Mail die Nachricht: »Wir schreiben doch keine Briefe. Wir haben zu große Angst, dass wir dann schlechte Noten bekommen.«

Kein Einzelfall! Wir wissen von etlichen Lehrer:innen, die auf unserer Website veröffentliche Briefe in Oberstufenkursen genutzt haben, um mit den Schüler:innen darüber ins Gespräch zu kommen. Oft haben die Jugendlichen dann selbst berührende Briefe geschrieben, doch nie veröffentlicht. Immer hatten sie Angst, dann schlechte Noten zu bekommen. Wir müssen anerkennen, dass Noten heute für viele Schüler:innen angstauslösend sind.

Schon Kinder im Burn-out

»Ich habe verlernt, auf meinen Körper zu hören, denn der sagt mir schon lange: Es ist genug, du kannst nicht mehr, du bist müde und erschöpft. Aber dann kommen die Gedanken: Du musst dich anstrengen, du musst den Stoff können, du musst gute Noten schaffen.« (Schüler, 16 Jahre)

»Ich will ja lernen, ich will ja Leistung bringen, ich bin bereit, mich für gute Noten anzustrengen und alles zu geben. Und dann merkst du auf einmal: Das geht ja gar nicht, das kannst du gar nicht alles hinkriegen, du verlierst die Kontrolle. Und dann merkst du, dass die Freude am Lernen verloren gegangen ist.« (Schülerin, 15 Jahre)

»Nachts kann ich gar nicht mehr richtig schlafen, obwohl ich total müde bin, Ich bin zu erschöpft, ohne Motivation und kraftlos. Viel zu selten habe ich auf meinen Körper gehört. Habe einfach weitergemacht, obwohl mein Körper geschrien hat: ›Mach Pause!‹ Irgendwann sagt der Körper, jetzt ist Schluss. Ich habe die Lust an allem verloren, das ich früher geliebt habe.« (Schülerin, 16 Jahre)

»Morgens frage ich mich, warum ich so müde bin, obwohl ich acht Stunden geschlafen habe. Ich bin müde, weil mein Gehirn nie schlafen darf, und selbst in der Zeit, wo es dürfte, hat es sich schon so daran gewöhnt, aktiv zu bleiben. Ich bin also nicht nur traurig,

sondern auch noch müde. Und dann erwartet man von mir, alles gleichzeitig hinzukriegen. Nein! Das kann kein Kind. Ich habe gelernt, mit all diesen Dingen irgendwie zurechtzukommen, weil ich weiß, dass ich keine andere Chance habe. Es macht mich aber dennoch krank. Dieses Gefühl von Überforderung wird jeden Tag, wie von einer Expertin, von mir unterdrückt, aber in den kleinsten Momenten überschwemme ich alles mit diesen Gefühlen. Ich bin übergelaufen und merke, was diese Routine mit mir macht. Sie macht mich krank.« (Schülerin, 16 Jahre)

Professor Schulte-Markwort, Direktor der Kinder- und Jugendpsychiatrie im Universitätsklinikum Hamburg, ging 2016 mit dem Buch *Burnout-Kids* in die Öffentlichkeit. Spätestens seitdem wissen wir: Junge Menschen gehen in den Burn-out, täglich – Tendenz steigend. Ständiger Noten-Leistungsdruck und das Vernachlässigen kindlicher Persönlichkeit führen zu falschen Selbstwerten, zu Selbstwerteinbrüchen bis hin zu Burn-out-Syndromen, Erschöpfungsdepressionen und Schulversagen, im Extremfall bis zum Suizid. Schulte-Markwort fordert daher dringend eine Abkehr vom unbarmherzigen Prinzip Leistung. Er beschreibt, wie das zentrale Lebensgefühl unserer Kinder gekennzeichnet ist durch das Erleben, nie allen Anforderungen gerecht werden zu können. Hinzu kommen Entfremdung, Bewertung, Kontrolle, das Gefühl des Ausgeliefertseins. All das sind wesentliche Voraussetzungen für Burn-out. Das Selektionsprinzip, der zu hohe Leistungsdruck und die ständigen Vergleiche durch Noten bringen bereits Neunjährige in den Burn-out. Sie wollen alles schaffen, sie wollen ihre Lehrerin und ihre Eltern nicht enttäuschen. Doch es ist alles zu viel. Sie brechen zusammen. Kinder sind Seismografen der Gesellschaft. Ein Phänomen der Erwachsenenwelt ist bei unseren Kindern angekommen. Das verlangt

Antworten – von uns, den Verantwortlichen. Doch anstatt die Ursachen im System zu hinterfragen und zu ändern, erschallt der Ruf nach mehr Sozialarbeiter:innen und Psycholog:innen, was – zusätzlich – auch sehr wichtig wäre, denn im Durchschnitt steht in Deutschland für 8617 Schüler und 635 Lehrkräfte nur ein Schulpsychologe zur Verfügung.

Gute Leistungen brauchen psychologische Sicherheit

Google hat in einer umfangreichen Studie, dem Project Aristotle, herausgefunden, was die Grundlagen für Spitzenleistungen in Teams sind. Psychologische Sicherheit ist der wichtigste Faktor für Teamerfolg, ergab die Studie.[11] Teams mit hoher psychologischer Sicherheit sind kreativer, engagierter und produktiver. Sie sind besser in der Lage, neue Ideen zu entwickeln und Herausforderungen zu meistern und effektiver zu arbeiten. Psychologische Sicherheit bedeutet, das Team als sicheren Ort zu erleben, an dem Fehler zugegeben werden können, ohne dafür bestraft oder gedemütigt zu werden. Ein inklusives Umfeld, in dem unterschiedliche Perspektiven und Hintergründe geschätzt werden, trägt zur psychologischen Sicherheit bei. Diversität führt zu kreativeren Lösungen. Auf die Schule übertragen bedeutet das: Wenn wir gute Leistungen haben wollen, müssen wir Gemeinschaft, gegenseitige Unterstützung, Zusammenhalt, Solidarität, das Füreinander-da-sein und vor allem Fehlerfreundlichkeit fördern, damit die Klasse ein sicherer Ort ist. So wundert es nicht, dass wir in Kanada mit seinem »wellbeing-Konzept« top Leistungen bei gleichzeitigem Wohlbefinden aller Beteiligten beobachten.

Doch was der Schule am besten gelingt, ist, Kindern Angst vor Fehlern einzutrichtern. Wenn wir beobachten, wie Kinder krabbeln, stehen oder laufen lernen, missglücken erst viele Versuche, bevor es klappt.

Aus jedem Fehlversuch hat ihr Bewegungszentrum im Gehirn gelernt. Und ihre Eltern freuen sich, ermuntern, ermutigen. Niemand käme auf die Idee, einem Baby zu sagen: hingefallen, Note sechs. Kleine Kinder haben von Natur aus eine starke Neugierde und Lust am Lernen. Sie probieren Dinge aus, machen Fehler und lernen daraus, ohne Angst vor Misserfolg.

Die Grundbedürfnisse Verbundenheit und Autonomie sind starke Triebfedern. Neugier hat ein Riesenpotenzial für ein Kind. Kinder wollen lernen. Der Drang ist überlebenswichtig. Kinder schauen überallhin, fassen alles an, probieren aus. Kleine Kinder »fehlern« sich durchs Leben, mit Freude. Ein Baby würde nie vor Scham auf dem Popo sitzen bleiben, wenn es umgefallen ist.

In der Schule ist es anders. Fehler werden gesucht, Fehler werden angestrichen, Fehler sind möglichst zu vermeiden, Fehler sind schlecht. Fehler führen zu schlechten Noten. Schlechte Noten zeugen von Versagen. Wie konnte sich die Fehler-Unfreundlichkeit so in die Schule einschleichen? Fehler sind Freunde. Fehler sind zum Lernen da! Fehler machen zu dürfen führt zu psychologischer Sicherheit in Teams und damit zu besseren Ergebnissen.

»Du kannst nicht perfekt sein. Jeder macht Fehler, das ist menschlich. Doch wenn ich etwas Falsches sage, rede ich mir später ein: Du bist eben nicht gut genug. Du bist ein Fehler im System.« (Schülerin, 15 Jahre)

»Leistung ohne SINN – so habe ich meine Schullaufbahn erlebt. Mein Selbstwert als Spiegel meiner Noten. Und dabei ständiges Lob für meine herausragenden Leistungen, die mich schlussendlich zu einem Abitur mit Abschluss 1,0 trugen. Ich habe meinen schulischen Leistungen so ziemlich alles untergeordnet und hatte regelrecht eine ›Sucht nach guten Noten‹, denn als guter Schüler wurde ich gesehen und geliebt. Leider war das nicht besonders nah an meinem eigentlichen Wesen und wohl ein weiterer kleiner Hilfeschrei meiner Seele, um nicht hinsehen zu müssen, dass ich innerlich schon längst zerrissen war, und auch mein Perfektionismus war nicht mehr als ein Werkzeug, um mich am ›Über‹leben zu halten.« (Student, 22 Jahre)

Beschämung verletzt

Ellen Key, schwedische Schriftstellerin und Reformpädagogin, schrieb 1900 das Buch *Das Jahrhundert des Kindes*. Das 20. Jahrhundert sollte ein Zeitalter werden, in dem die Bedürfnisse der Kinder und das Recht auf eine liebevolle und unterstützende Umgebung im Mittelpunkt stehen. Ellen Key sah eine fürsorgliche Erziehung als Schlüssel zur Lösung vieler sozialer Probleme. Sie legte so den Grundstein für viele moderne Ansätze in der Pädagogik und Kindererziehung.

Doch zuerst sah es ganz und gar nicht danach aus, als würde das 20. Jahrhundert besonders kinderfreundlich. Es wurde das blutigste Jahrhundert in der Menschheitsgeschichte. Der Erste Weltkrieg war mit 17 Millionen Toten der erste industriell geführte Massenkrieg der Geschichte.

Es hat lange gedauert, aber dann wurde die Vision von Ellen Key ein Stück weit wahr, als im September 1990 die UN-Kinderrechtskonvention (UNCRC) verabschiedet wurde. Sie ist ein umfassendes Abkommen, das die bürgerlichen, politischen, wirtschaftlichen, sozialen und kulturellen Rechte von Kindern festlegt. Sie besteht aus 54 Artikeln und betont die Grundprinzipien, wie das Recht auf Überleben, Entwicklung, Schutz und Beteiligung von Kindern.

Doch trotz der Kinderrechte gibt es dreißig Jahre später in der Schule immer noch Demütigungen, Beschimpfungen, Beschämungen, Willkür. Solche Kränkungen verübt nur eine Minderheit der Lehrer, doch diese verletzt täglich Tausende von Kindern. Das dürfen wir nicht stillschweigend hinnehmen und nicht tabuisieren.

Wir sind immer wieder fassungslos, was uns Kinder und Jugendliche aus Klassenzimmern im *RealLabor* erzählen. Sätze wie: »*Mein Gott, seid ihr blöd … Das kapierst du eben nicht … du landest noch bei Lidl an der Kasse … so eine dämliche Klasse habe ich selten erlebt … eure Klasse ist eine einzige Missgeburt … immer noch nicht kapiert, du gehörst wohl nicht auf ein Gymnasium … du bist eben zu dumm und faul noch dazu … wenn du noch mal so freche Antworten gibst, muss die ganze Klasse nachsitzen wegen dir … du landest noch auf der Oberschule, da gehörst du eh hin … Kinder wie dich können wir hier nicht brauchen … stell dich nicht so an …*«

Annedore Prengel, eine renommierte deutsche Erziehungswissenschaftlerin, hat sich intensiv mit dem Thema der Beschämung von Kindern auseinandergesetzt. Ihre Forschungen zeigen, dass bloßstellen, lächerlich machen, sarkastisch ansprechen, anbrüllen, vorführen, erniedrigen, ignorieren, diskriminieren, vergleichen mit anderen Kindern oder ausgrenzen Beschämungen sind, die das Selbstwertgefühl und die Persönlichkeitsentwicklung tiefgreifend beeinträchtigen und zu langfristigen emotionalen und psychologischen Schäden führen können. Kinder, die häufig beschämt werden, können Angststörungen, Depressionen oder andere emotionale und psychische Schwierigkeiten entwickeln. Manche Erwachsene setzen Beschämung ein, um Kinder zu disziplinieren oder zu kontrollieren. Kinder erleben dadurch massiv ein ungleiches Machtverhältnis, was ihre Autonomie untergräbt. Um ihr Selbstgefühl zu schützen, flüchten manche Kinder in zerstörerisches oder selbstzerstörerisches Verhalten.

»Ich bin der Meinung, dass man sich in der Schule wohlfühlen muss. Die Schule soll ein Ort sein, zu dem man geht, ohne Angst

zu haben. Die Schule soll ein Ort sein, der einem Sicherheit gibt. Ein Ort ohne Autoritätshörigkeit.« (Schülerin, 16 Jahre)

»Max durfte in der Grundschule nicht auf die Toilette und hat sich in die Hose gemacht, viele haben gelacht.« (Schüler, 11 Jahre)

»Ich musste nach vorne und habe vor Angst gestottert, ich hab mich geschämt.« (Schüler, 10 Jahre)

»Murat wurde angeschrien, richtig fertiggemacht, er weinte. Wir waren erstarrt und still.« (Schüler, 9 Jahre)

»Oft haben wir laut geschrien vor Druck, aber gegenüber den Lehrer:innen waren wir still. Wir haben einfach hingenommen, mehr als vier Leistungsüberprüfungen pro Woche zu haben. Im Innern verzweifelten wir. Es ist kein Ende abzusehen. Und zwar aufgrund eines Gefühls der Machtlosigkeit gegenüber Entscheidungen von Lehrer:innen.« (Schülerin, 15 Jahre)

Annedore Prengel forscht unter anderem durch Beobachtungsstudien.[12] Diese bieten Einblick in alltägliche Beispiele destruktiven pädagogischen Handelns. Das umfangreiche Datenmaterial der Intakt-Studien, eine qualitative Beobachtungsstudie zur Erforschung pädagogischer Beziehungen, die Prof. Prengel leitet, lässt den Schluss zu, dass vermutlich ein Viertel der Interaktionen von Lehr- und Fachkräften mit Kindern und Jugendlichen in Kitas und Schulen als verletzend charakterisiert werden kann. Auch die soziologische Schamforschung und die Stereotypenforschung ergibt, dass die Erfahrung des Herabgesetztwerdens schmerzliche Schamgefühle, Bedrohungsängste und Leistungsblockaden erzeugt.[13] Wir müssen lernen, menschlich miteinander umzugehen. Wir brauchen eine Ethik des Zusammenlebens. Sehr hilfreiche Grundlage hierfür sind die *Reckahner Reflexionen zur Ethik pädagogischer Beziehungen,* ein Manifest mit zehn Leitlinien für alle pädagogischen Berufe. Wir empfehlen, sie an allen Schulen zu diskutieren und einzuführen.[14] Es geht um die wesentlichen Bedürfnisse von Kindern und Jugendlichen, um ihre Interessen und Nöte, um Respekt, Wertschätzung, Selbstachtung und das Stärken von Gemeinschaftsgefühl.

Die heimliche Gewalt des Systems

Neben verbalen Übergriffen gibt es in der Schule auch verletzendes Verhalten, was viele Lehrer gar nicht als Verstoß gegen die Würde des Kindes wahrnehmen. Es ist die heimliche Gewalt des Systems, die die Schüler:innen so treffend in den Briefen beschreiben: das Diktat des Stundenplans, Diktat des Stoffes, der durchgezogen werden muss, Diktat des Notenzwangs, unangekündigte Tests, Zeitdruck, Sitzzwang, Prinzip der Auslese, Konkurrenz.

Kurt Singer, Professor für Pädagogische Psychologie und Schulpädagogik, Kinderpsychotherapeut und Autor des Buches *Die Würde des Schülers ist antastbar,* spricht daher von der heimlichen strukturellen Gewalt der Leistungsschule. Aus seiner Sicht hängt es mit dem Leistungsprinzip zusammen, dass Schule so viele Kinder lernunwillig macht. Permanente Prüfungssituationen und Zensuren sowie die damit verbundenen Ehrgeizideale und Rivalitätszwänge stören das Lernen. Wo es vor allem um die Auslese geht, wird die Schule für einen Teil der Schüler zur »Misserfolgsanstalt« (Prof. Singer). Die vermeintliche Tugend bestehe für viele Lehrkräfte in Gehorsamsbereitschaft, im Befolgen von Regeln und Anordnungen. Dabei sind die Normierungsvorgaben schon so tief in uns verankert, dass wir vieles gar nicht mehr hinterfragen. Nach dem Motto: Es ist halt so, es war immer schon so, man kann eh nichts machen. Dazu gehört beispielsweise, dass wir uns damit abfinden, dass Kinder nicht über die eigene Zeit verfügen können. Dabei sind Entwicklungsprozesse individuell. Sie können nicht beliebig beschleunigt, beherrscht oder kontrolliert werden. Schule entzieht jungen Menschen ihre Eigen-Zeit in doppelter Weise, durch das Prinzip Lernen im Gleichschritt und durch die zeitliche Überinanspruchnahme der Schüler:innen.

»Ich hab nichts mehr. Keinen Mut, keine Hoffnung, keine Lust, keine Kraft, keine Zeit. Ich hab keine Zeit. Und jede Zeit, die ich besitze, opfere ich der Schule. Mathehausaufgabe, Chemienachhilfe, Italienischvokabeln, Zeit hat für mich keine Bedeutung mehr. Zeit heißt: etwas für die Schule machen. Ich will die Zeit zurückhaben. Ich will all die Momente mit meinen Freunden, meiner Familie zurückhaben. Ich will die Zeit, die ich für mich brauche, zurückhaben.« (Schülerin, 17 Jahre)

»Unsere Hausaufgabenhefte platzen. Dann lernt man und lernt und lernt und lernt. Alle Zeit geht in die Schule. Ich kann nicht mehr, aber mein Inneres bekommt nicht einmal zwei Minuten Pause. Ich kann nicht mehr und muss wortwörtlich dagegen ankämpfen.« (Schüler, 15 Jahre)

»Wenn ich nicht mal mehr Zeit für mich selbst hab, was nützt mir dann das Wissen, das ich in der Schule in den Kopf gepresst bekomme? Wer bin ich? Ich würde mich gerne kennenlernen, mehr über mich und meine Gefühle wissen, aber ich hab keine Zeit.« (Schüler, 16 Jahre)

Den Normierungskräften unterliegen auch das Drannehmen, das Abfragen, das Anschreiben des Notenspiegels, das Austeilen von Klassenarbeiten sortiert nach Noten. Das Klassenarbeiten-schreiben-Müssen, obwohl Kinder krank waren. Dass Kinder einfach aufgerufen und ausgefragt werden, auch wenn sie sich gar nicht gemeldet haben, scheint vielen als geradezu normal zu gelten, als gehöre es zum Wesen der Schule dazu. Doch das ist übergriffig und hemmt Lernen. »Drangenommen werden« – man muss sich den Ausdruck auf der Zunge zergehen lassen.

»Das Schlimmste sind die Abfragen vor der ganzen Klasse. Ich hab mich so oft geschämt. Und schlimm ist es auch, wenn andere Kinder weinen. Das tut einem dann selbst auch richtig weh.« (Schüler, 10 Jahre)

Hier berichtet eine Schülerin eines bayrischen Gymnasiums in Erinnerung an ihr Leben in der 5. Klasse vom täglichen Stress, der Angst vor schlechten Noten und dem enormen Druck, dem sie und ihre Mitschüler:innen ausgesetzt sind:

Leistungsdruck statt Kindheit.
Ein Appell für ein menschliches Schulsystem.
»Ich kam gerade aus der Grundschule und hatte die große Selektion überstanden. In der neuen Schule hatte ich seit dem ersten Moment Angst vor dem Scheitern, den Fehlern, der Demütigung, den schlechten Noten, der Ex und der Abfrage.
Und das jede einzelne Unterrichtsstunde, jeden Tag, fünfmal die Woche. Immer quälte mich die Frage: Schreiben wir heute die Ex? Bin ich gut genug vorbereitet? Werde ich heute abgefragt?
Wen trifft es stattdessen?
Ich lernte für die Abfrage oder für die Ex und weiß nicht, wofür ich

das Wissen, das ich auswendig lerne, überhaupt brauchen könnte. Ich presste mir Sachen in meinen Kopf und erkannte überhaupt keinen Sinn darin. Den größten Teil habe ich kurz danach wieder vergessen. Ich war doch erst elf Jahre alt. Sollte ich da nicht eigentlich das Leben eines Kindes führen? Stattdessen lernte ich für die Schule, als hinge mein Leben dran. Weil es sich auch so anfühlt. Ich möchte nicht vor der Klasse bloßgestellt werden, ich möchte nicht scheitern und ich möchte keine schlechten Noten. Ich will nicht denken müssen, dass ich versagt habe. Und das Schlimmste war: Ich sah nicht, dass all diese Last irgendwann von meinen Schultern fällt. Ich muss hier noch sieben Jahre durch. Ein Ende ist nicht in Sicht.

Wofür das Ganze? All das wird nur gemacht, weil uns Schüler:innen nicht zugetraut wird, dass wir in einem anderen System freiwillig selbstbestimmt lernen wollen. Es wird gedacht, dass man uns unter enormen Druck setzen muss, damit wir bereit sind, etwas zu lernen. Was ist das für ein Menschenbild? Im Gymnasium wurde uns ziemlich schnell klargemacht, dass nicht alle für diese Schule geeignet sind, und diejenigen, die es nicht sind, die Schule so schnell wie möglich wieder verlassen müssen. Wer dem übermäßigen Druck nicht standhalten kann, wird aussortiert. Was ist der Sinn hinter all dem? Mein einziger Lebenssinn besteht darin, die Tage bis zu den Ferien zu zählen und in den Ferien unglücklich zu sein, weil bald wieder Schule ist. Früher dachte ich mir, dass ich das Problem bin. Aber ich weiß, dass es vielen Schüler:innen so geht wie mir. Aber trotzdem stört das keinen. Im Gegenteil: Es ist normal, dass es uns so geht. Das System ist darauf ausgelegt, dass es uns so geht. Viele stützen das System, denn ›da mussten wir ja schließlich alle mal durch‹. Ich spüre tief in mir drin, dass hier etwas grundlegend falsch läuft. Wo bleibt die Menschlichkeit in diesem Schulsystem? Warum ist es normal, dass meine Mitschüler:innen regelmäßig bei einer

Abfrage weinen? Warum ist es normal, dass man über den Pausenhof läuft, und das Erste, was man Fünftklässler:innen rufen hört, ist: ›Ex, Ex!‹, ›Schreiben wir heute eine Ex?‹? Warum ist es normal, dass ich unter Druck lerne, aber keine Freude daran habe und keinen Sinn dahinter sehe? Warum ist es normal, dass wir keine Kindheit haben? Ich bin von morgens bis abends (und nachts) mit meinen Gedanken bei der Schule.
Diese Verzweiflung hat mich dazu gebracht, das ganze Bildungssystem zu hinterfragen, und es wurde mir bewusst, in was für einem ungerechten und unmenschlichen System wir stecken, aus dem es für mich kein Entkommen gibt. Es ist falsch, Schüler:innen in der 4. Klasse zu selektieren, Noten zu vergeben, Schüler:innen mit Behinderung (im Förderschulsystem) zu separieren. Chancengerechtigkeit gibt es praktisch nicht. Ich weiß, dass es nicht so weitergehen kann wie in den letzten Jahrzehnten und sich nichts Grundlegendes in unserem Bildungssystem ändert. Es darf nicht sein, dass weitere Generationen durch dieses System durchmüssen. Deshalb müssen wir alle aktiv werden und unseren Teil dazu beitragen, dass sich etwas ändert. Damit wir etwas verändern können, kommt es auf uns alle an. Schließen wir uns zusammen. Wir lassen uns diese Ungerechtigkeit und Unmenschlichkeit nicht länger gefallen. Jetzt geht's ans System!« (Schülerin, 16 Jahre).

Im Juni 2024 hat eine Schülerin eines bayrischen Gymnasiums, Jahrgangsstufe 11, mutig zur gesetzlichen Abschaffung dieses inhumanen Systems aufgerufen. Mit der Petition *Schluss mit Abfragen und Exen! – Petition zur Abschaffung unangekündigter Leistungsnachweise in Bayern*, gerichtet an Kultusministerin Anna Stolz und die Mitglieder des Bayerischen Landtags. Sie erhebt gegen Ungerechtigkeit und Unmenschlichkeit mutig ihre Stimme.[15]

Fatal ist, dass Kinder bei verletzendem Lehrerverhalten oft denken, es läge an ihnen. Sie glauben, dass sie irgendwie nicht richtig sind, nicht genügend gelernt haben, sich nicht gut genug verhalten. Sie fühlen sich schuldig. Die Kinder geraten in eine hilflose Lage, und nur selten verteidigt jemand ihre Persönlichkeits- und Zugehörigkeitsrechte. Im System herrscht Angst. Unrecht wahrzunehmen und zu benennen und sich damit auseinanderzusetzen ist jedoch der erste Schritt, um es zu überwinden. Und häufig befürchten Kinder, den Eltern Schande zu machen, wenn sie deren Erwartungen nicht erfüllen. Die Scham teilt ihnen mit: Du bist nicht gut genug.

»Wenn ich einmal eine schlechte Note mit nach Hause bringe, mach ich mir den ganzen Weg über schon Gedanken. Ich möchte meine Eltern nicht schon wieder enttäuschen. Ich werde vor Scham ganz rot und kann meinen Eltern nicht in die Augen blicken.« (Schülerin, 15 Jahre)

Beschämung und Scham der Lehrkräfte

Es gibt viele Pädagog:innen, die den Kindern in wertschätzenden Beziehungen zugewandt sind, sie unterstützen und täglich alles ihnen Mögliche für eine gesunde Entwicklung der Kinder geben. Allen Hochachtung und einen großen Dank dafür. Und es gibt Lehrkräfte, die ihr Bestes geben wollen, und es kommt dennoch zu Beschämungen. Manchmal merken sie es nicht. Sie teilen unbewusst aus, was sie selbst erfahren haben. Wenn Lehrkräfte merken, dass sie Fehler machen, kommen viele auch in die Scham. Es ist ihnen peinlich. Sie empfinden Pein, werden rot, bekommen Schweißausbrüche, üben Selbstkritik, fühlen sich unzulänglich, versuchen zu vertuschen. Wichtig ist, mit anderen darüber zu sprechen, Reflexionsgruppen zu bilden, Fortbildungen, beispielsweise zu gewaltfreier Kommunikation oder zum Haltungswandel, zu initiieren. Zu merken, anderen geht es auch so, entlastet ungeheuer.

Und es gibt, wie oben beschrieben, tatsächlich auch Lehrkräfte, die gestört sind, die Zyniker sind, die machthungrig oder sadistisch sind. Das dürfen wir nicht weiter hinnehmen. Schwierige Lehrer brauchen Hilfe und Therapie. Doch eines geht nicht: Sie dürfen nicht länger unwidersprochen Kinderseelen beschämen. Denn wenn wir Unrecht hinnehmen, besteht die Gefahr, dass wir uns an inhumane Zustände so gewöhnen, dass wir sie für normal halten. Der Selbstbetrug der Gewöhnung trägt dazu bei, dass das Fühlen ausgeschaltet wird und wir über Zustände reden, uns aber nicht mit den Kindern verbinden. All das blockiert Mut, Visionskraft und Veränderung.

Auch der Sozialwissenschaftler Stephan Marks befasst sich mit dem Thema Scham und ihren vielfältigen Erscheinungsformen. In seinem Buch *Scham. Die tabuisierte Emotion* nimmt er auch die Beschämung von Lehrer:innen in den Blick, die ebenfalls täglich passiert. Beschämung durch respektloses Verhalten von Schüler:innen oder das Infragestellen der Kompetenz; Beschämung von Kolleg:innen durch öffentliches Kritisieren oder Ausschließen aus der Gemeinschaft; Beschämung von Eltern durch abfälliges Reden, Infragestellen der pädagogischen Fähigkeiten, Drohungen, Angriffe oder Bloßstellen vor Schüler:innen oder anderen Eltern; Beschämung durch die Gesellschaft. Lehrkräfte können dadurch in ihrem Selbstwert verletzt, gekränkt und krank werden. Marks plädiert für ein Bewusstsein darüber, wie mächtig und zugleich verdrängt Scham als Emotion ist. Er sieht es als dringend geboten an, die Scham aus der Tabuisierung zu holen und darüber zu sprechen. Denn indem man Scham thematisiert und offen darüber spricht, kann man einen bewussteren und achtsameren Umgang mit dieser Emotion entwickeln und so die negativen Auswirkungen reduzieren. Biografische Reflexion und das Thema Scham gehören zentral in die Lehrer:innen-Aus- und Fortbildung.

Eltern unter Druck

Auch viele Eltern stehen heute unter Druck. Sie haben verinnerlicht: Mach das Beste aus deinem Kind. Erfolg ist wichtig. Je früher umfassend gefördert, desto besser. Unsicherheit und Vergleich gehen schon auf dem Spielplatz los: Deiner läuft schon, meine noch nicht. Stimmt was nicht mit meinem Kind? Der gesellschaftliche Perfektionierungswahn geht an Eltern nicht vorbei. Zeigen sich Probleme, suchen besonders Mütter die Schuld oft bei sich. In der Optimierungsfalle besteht die Gefahr, nicht mehr wahrzunehmen, wie einzigartig und großartig Kinder sind. Kinder sind wachsam und achtsam, haben ein feines Gespür und Gerechtigkeitssinn, stellen mutig Fragen. Kinder sind voller Entdeckerfreude, drücken authentisch Bedürfnisse und Gefühle aus. Lebendig, bewegt, kreativ können sie sich im Augenblick vertiefen. Kinder haben eine unendliche Fantasie und finden unkonventionelle Lösungen, auf die Erwachsene oft gar nicht kommen. Mit ihrem Strahlen berühren sie unsere Herzen. Und dann kommt die Schule. Ab jetzt schwebt die Angst über den Eltern, ob ihr Kind zu einer bestimmten Zeit gute Leistungen im Vergleich zu anderen bringen wird. Das selektive Schulsystem pusht in der Grundschule massiv die Optimierungskultur. Dazu kommt: Wenn Eltern ihre Kinder verplanen und für sie Dienstleister sind und alles für deren Erfolg tun, besteht die Gefahr, dass sie sich dann stark mit den Kindern identifizieren und enttäuscht sind, wenn die Leistungen nicht den Erwartungen entsprechen. Und Kinder spüren sehr genau, wenn sie vor allem dann okay sind, wenn die Noten stimmen. Wenn Kinder das Gefühl haben, dass Liebe und Anerkennung der Eltern mit guten Noten zusammenhängen, ist der Teufelskreis vorgezeichnet.

»Das schlimmste Gefühl auf Erden: Wenn deine Eltern sagen, dass sie enttäuscht von dir sind. Sie könnten schimpfen, meckern und Handyverbot geben. Dieser eine Satz fühlt sich schlimmer an als alles zusammen. Diese Schuldgefühle und das schlechte Gewissen. Dadurch fängt man an zu lernen und zu versuchen, es besser zu machen. Aber ich kann einfach nicht noch mehr. Wenn ich eine richtig schlechte Note habe, eine Drei oder sogar eine Vier, dann habe ich Angst. Meine Mutter schimpft zwar nicht, aber ich habe immer Angst, dass ich sie enttäusche.«
(Schülerin, 14 Jahre)

Ein Kind muss spüren, dass es so, wie es ist, richtig ist. Das ist die wichtigste Erfahrung, die jedes Kind braucht. Wird ein Kind zum Objekt elterlicher oder schulischer Erwartungen, Wünsche, Ziele, Vorstellungen oder Maßnahmen gemacht, kann es leicht passieren, dass junge Menschen außenorientiert und damit abhängig von der Bewertung anderer werden. Dann leben sie nicht aus der Fülle ihrer Potenziale und aus der Selbstermächtigung heraus, sondern empfinden sich als Mängelwesen – eine Steilvorlage für Konsum und Beeinflussung durch Social Media.

Kinderpsychiater Michael Schulte-Markwort plädiert für Beziehung statt Erziehung und spricht davon, dass übermäßiger Erziehungsehrgeiz immer dazu führt, die Ebene der Beziehung zu verlassen. Auf diese Weise wachsen Kinder mit einem schlechten Selbstwertgefühl auf. Die einen vergraben ihre Gefühle in ihrem Inneren, andere leben sie aggressiv aus. Das Schlimmste: Oftmals entwickeln Kinder, die nicht wissen, wer sie eigentlich sind, oder die sich nicht ausreichend geliebt fühlen, Ängste bis hin zu Depressionen. Schulte-Markwort rät deshalb dazu, Kindern mit Vertrauen zu begegnen, an sie zu glauben und sie nicht zu kontrollieren. Ihre Persönlichkeit grundsätzlich zu achten; respektvoll und wertschätzend miteinander in den Dialog zu treten. Kinder niemals auszuschließen.[16]

Folgen der Pandemie für Kinder und Jugendliche

Auch äußere Umstände wie die Coronapandemie können Kinder massiv unter Druck setzen. Während der Pandemie haben wir in einem Briefaustauschformat mit Schüler:innen erfahren, wie schlecht es ihnen ging – ohne Freunde, kein Internet, um Hausaufgaben abzurufen, und mit viel zu viel Verantwortung für Geschwister und Eltern waren sie beladen. Häusliche Gewalt nahm zu, und die Flut von Arbeitsblättern war einfach nicht zu bewältigen.

Die Jugendlichen erzählten in ihren Briefen, wie sie besondere Orte auswählten, um die Briefe zu schreiben. Ihren tiefsten Gefühlen Raum und Sprache zu geben, war für sie eine ganz neue, gute Erfahrung. Ein Mädchen erzählte, wie sie langsam in eine Angstdepression hineinglitt und sich am Ende nicht mal mehr zutraute, zum Bäcker zu gehen, weil sie Angst hatte, das Geld nicht mehr zählen zu können. Natürlich absurd, aber so ging es ihr. Am Ende konnte sie nur noch in ihrem Zimmer liegen und depressiven Gedanken nachhängen. Aller Lebensmut entschwand.

Hirnforscher Gerald Hüther beschreibt, wie dramatisch sich die Pandemie bei Kindern und Jugendlichen ausgewirkt hat. Was für uns Erwachsene zwei Jahre waren, fühlt sich in einem so jungen Leben wie ein zehnjähriges Trauma an. Die wichtigsten Entwicklungstreiber in der Kindheit und Jugend sind Begegnung, Bewegung, Naturerlebnisse und das Aufbauen von Nähe. Blicke, Mimik und die sichere Umarmung der Eltern, Großeltern und Freunde. Sie sind der Humus für die Entwicklung von Vertrauen in die Welt. Die Scham der Kinder, dass sie ansteckend seien und deshalb Oma und Opa nicht besuchen dürfen, bleibt in ihnen, wenn wir ihnen keinen Raum geben, darüber zu sprechen

Im Februar 2023 haben Bundesfamilienministerin Lisa Paus und Bundesminister Prof. Dr. Karl Lauterbach den Abschlussbericht der Interministeriellen Arbeitsgruppe »Gesundheitliche Auswirkungen auf Kinder und Jugendliche durch Corona« (IMA) vorgelegt. Ein zentrales Ergebnis des Berichts: Die Folgen der Pandemie auf Kinder und Jugendliche sind schwerwiegend. Im Februar 2023 waren immer noch 73 Prozent psychisch belastet und enorm gestresst. Die Sektion Schulpsychologie im Berufsverband Deutscher Psychologinnen und Psychologen BDP e. V. bezeichnete im März 2023 die Situation in den meisten deutschen Schulen als katastrophal und sieht Gesellschaft, Bildung und Wirtschaft vor historischen Herausforderungen. Wir dürfen das nicht ignorieren. Wir können nicht so weitermachen wie bisher. Achtsamkeit, Herzensbildung, Resilienzstärkung, Demokratieerleben, Stärkung der Persönlichkeit müssen in den Mittelpunkt der Lernprozesse. Die Frage, wie wir Räume für das Erfahren von Hoffnung, Selbstwirksamkeit und Sinn ermöglichen, wird zentral. Es geht um einen Paradigmenwechsel.

Das Drama mit Social Media

Der Verstärker schlechthin, wie junge Leute sich gegenseitig unter Druck setzen, sind die sogenannten sozialen Medien. Mit Schüler:innen kamen wir im ResonanzRaum im Real-Labor in einen tiefen Austausch zu Themen, die ihnen wirklich wichtig sind: »Warum dürfen Vergewaltigungen, Hetze und Kinderpornografie einfach im Internet hochgeladen werden? Warum ist dafür niemand verantwortlich? Warum schützt niemand die Kinder davor? Manche Kinder werden abhängig von diesen Pornos!«

Die Jugendlichen berichten von dramatischen Szenen, die schon ihre kleinen Geschwister auf dem Handy sehen: »Meine kleine Schwester öffnet arglos eine gesendete Botschaft auf ihrem Handy und sieht plötzlich den Penis eines Mannes und wie er ein kleines Kind vergewaltigt. Wie kann so etwas Schreckliches nur sein? Und wir können mit niemandem darüber sprechen.« Alle nannten als wichtigste Themen: Pornos, Drogen, Antifeminismus. Wir waren erschüttert.

Kinder werden zu abhängigen Konsumenten degradiert

Das Smartphone ist zum unverzichtbaren Bestandteil des Alltags geworden. Memes verschicken, Bilder teilen, TikTok-Trends liken: Jugendliche verbringen 63,7 Stunden in der Woche im Internet, so die Jugend-Digitalstudie der Postbank 2023.[17] Und was passiert im Gehirn? Das Gehirn verändert sich mit den Einflüssen, die es wahrnimmt. Use it or lose, heißt die Devise. Mit zehn Sekunden langen Inhalten lernen junge Menschen weder tiefes, fokussiertes noch kritisches

Denken. Wer nur reagiert, baut wenig eigene Willenskraft auf. Wichtige Verdrahtungsprozesse finden reduziert statt, und das in der sensiblen Phase der Pubertät. Das Gehirn gleicht während der Pubertät einer Großbaustelle. Es ordnet sich neu, beispielsweise dort, wo Schmerzreize verarbeitet werden. Deshalb können negative Erfahrungen wie soziale Ausgrenzung und Mobbing besonders in diesem Alter lebenslange Konsequenzen haben. Ausführende Funktionen basieren weitgehend auf dem Frontalkortex, dem letzten Teil des Gehirns, der in der Pubertät neu verdrahtet wird. Zu diesen Funktionen gehören Selbstkontrolle, Fokussierung und die Fähigkeit, Ablenkungen zu ignorieren. Die ständige Fragmentierung von Aufmerksamkeit wirkt sich negativ auf diese Entwicklung aus. Jede App ist eine Ablenkung, jedes »Bling« der Benachrichtigungen eine Aufforderung nachzuschauen. Jugendlichen mit ihrem unreifen frontalen Kortex fällt es besonders schwer, darauf nicht zu reagieren. Es ist nicht das Smartphone selbst, das gefährdet. Im Gegenteil, es kann ein gutes digitales Kreativwerkzeug sein, wenn junge Menschen es als Gestaltungsinstrument benutzen. Sie sollen aber zu abhängigen Konsumenten degradiert werden, wenn es nach den Tech-Riesen Apple, Google, Amazon, Microsoft und Facebook geht. Dazu dient deren Software, die sie zum Zweck der Profitmaximierung entwickelt haben. Über Social Media rauben die Techkonzerne jungen Menschen ihre Zeit, um sie zu Geld zu machen. Wir liefern unsere Kinder den Profitinteressen der großen Firmen aus. Nir Eyal ist Experte für Psychologie, technologische Entwicklungen, Business und die Verbindungen dieser drei Bereiche miteinander. Mit seinem Buch *Hooked – Wie sie Produkte machen, die süchtig machen,* fungierte er als Berater großer Techunternehmen bei der Frage, wie man die Aufmerksamkeit von Kindern und Jugendlichen im Internet fesseln kann und wie man es schafft, dass höchstmögliche Gewohnheiten entstehen. Sein Vier-Phasen-Hook-Modell basiert auf aktuellen Forschungen über unsere menschlichen psychosozialen Triggerpunkte. Jugendliche und Kinder werden *getriggert*, eine *Handlung* wird angeregt mit dem Ziel, eine *Belohnung* zu erhalten. Eine solche Belohnung kann das Gefühl dazuzugehören sein. Schließlich *investieren* Kinder und Jugendliche in das Produkt, indem sie Zeit, Daten, Geld oder soziale Bindungen einbringen. Diese Investition macht es wahrscheinlicher, dass Kinder und Jugendliche das Produkt weiterhin nutzen, da sie die gute Erfahrung einer Belohnung gemacht haben und die Software sehr geschickt darin ist, immer wieder Punkte zu finden, auf die sie einsteigen.

TikTok nutzt das Hook-Modell effektiv, um Nutzer zu binden und sie dazu zu bringen, regelmäßig zur App zurückzukehren. Und das alles hat dramatische Auswirkungen auf die Entwicklung der Kinder. TikTok-Challenges zum Beispiel erfüllen den gefährlichen Wunsch von Kindern nach Aufmerksamkeit. Bei sogenannten Internet-Mutproben vandalieren Kinder in Schultoiletten oder strangulieren sich vor laufender Kamera bis zur Bewusstlosigkeit. Anschließend laden sie die Videos auf der Plattform hoch und hoffen auf Klicks und Likes. Wenn jemand früher Quatsch in der Schule gemacht hat, haben ihm vielleicht zehn Leute zugeschaut. Jetzt können es zehn Millionen sein. Der Rat für Digitale Ökologie zeigt in dem Dokument »Abhängig von TikTok & Co« auf, wie Social-Media-Algorithmen unser Belohnungssystem und Lernmechanismen perfide ausnutzen und so die Gehirnentwicklung junger Menschen massiv beeinflussen.[18]

Der oberste Gesundheitsbeamte der USA, Dr. Vivek H. Murthy, hat in der *New York Times* den Notstand ausgerufen. Seine Forderung ist, soziale Medien mit Warnhinweisen zu kennzeichnen, wie sie auf Zigarettenschachteln zu finden sind, sowie eine Altersgrenze von 13 Jahren für Handys und ein Verbot an Schulen.[19] Selbst China – einer der größten Smartphone-Märkte weltweit – will die Nutzung von mobilen Geräten durch Kinder und Jugendliche begrenzen. Großbritannien, Frankreich, Italien und die Niederlande haben Handys bereits aus ihren Schulen verbannt. In Deutschland sind solche Maßnahmen bisher nicht in Sicht.

Bemerkenswert ist, dass gerade führende Entwickler und Ingenieure im Silicon Valley ihre Kinder vor (zu viel) Berührung mit Unterhaltungselektronik abschotten. Manche drehen den Spieß sogar massiv um und schicken ihre Kinder in alternative, nicht-technikbasierte Schulen. Apple-CEO Tim Cook, der selbst kein Kind hat, aber Neffen, möchte nicht, dass sie ein soziales Netzwerk nutzen.[20] Bill Gates verbot seinen Kindern Handys bis zum Alter von 14 Jahren.[21] Steve Jobs, ehemaliger Apple-Mitbegründer und CEO, wollte seine kleinen Kinder nicht einmal in die Nähe von iPads lassen.[22]

Verstörende Inhalte

Hoch gefährdend für die Entwicklung unserer Kinder sind gewalttätige und pornografische Inhalte, mit denen sie täglich konfrontiert werden. Die negativen Auswirkungen sind vielfältig: Verstörung, Abstumpfung, Verrohung, Verlust von Empathie, Traumatisierung, Albträume und Schlafprobleme, aggressives Verhalten und eine erhöhte Toleranz gegenüber Gewalt, verzerrte Wahrnehmung von Sexualität, Nachahmung, Isolation und Einsamkeit, ein erhöhtes Risiko für psychische Erkrankungen und Suchtgefahr. Es leuchtet ein, dass Kinder, die viel Zeit damit verbringen, verstörende Inhalte zu konsumieren, sich nicht unbeschwert auf den Unterricht konzentrieren können.

Silke Müller, Schulleiterin und digitale Botschafterin aus Niedersachsen, bringt es auf den Punkt, wenn sie sagt: »Wir verlieren unsere Kinder.« In Ihrem gleichnamigen Buch hat sie dem Thema eine öffentliche Stimme gegeben. Sie beschreibt an vielen Beispielen, wie Gewalt, Rassismus und Missbrauch in den Alltag unserer Kinder tief und scheinbar unbemerkt über digitale Geräte eingedrungen sind. Sie führte eine Social-Media-Sprechstunde an ihrer Schule ein, sodass Jugendliche diese verstörenden Themen wenigstens ansprechen können.

Im Juni 2024 rüttelte auch das Buch *Generation Angst – Wie wir unsere Kinder an die virtuelle Welt verlieren und ihre psychische Gesundheit aufs Spiel setzen* des Sozialwissenschaftlers Jonathan Haidt, Professor an der New York University Stern School of Business, auf. Er fürchtet, dass die hohe Internetnutzung der Kinder nicht nur zu veränderten Gehirnen führt, sondern ganze Demokratien ins Wanken bringen wird.

Von den Anfängen der Menschheit haben Kinder wie alle anderen Säugetiere gespielt. Das schaltet ihr Gehirn ein. Seit der Einführung des Fernsehens ging es plötzlich darum, stillzusitzen und unterhalten zu werden. Alles wurde zur Unterhaltung aus zweiter Hand, auch unsere Politik. Wenn Kinder die meisten Erfahrungen auf dem kleinen Bildschirm ihres Smartphones machen, führt dies aus Sicht von Jonathan Haidt zu einem massiven Realitätsverlust. Die intensive Nutzung bindet zudem viel Aufmerksamkeit, die an anderer Stelle fehlt. Zudem entfalten die kurzen Videos, die sich die Kinder auf TikTok, Instagram oder YouTube anschauen, eine zerstörerische Wirkung, weil deren Inhalt oft verstörend und entwürdigend ist.

Jonathan Haidt stellt fest: »Es ist verrückt, dass wir Kinder in die sozialen Netzwerke lassen – wir lassen 12-, 13-, 14-Jährige ja auch nicht in Bordelle oder Kasinos.«[23] Deshalb schlägt er vor: Erstens kein Smartphone bis zum Alter von 14 Jahren. Zweitens: Keine sozialen Netzwerke bis zum Alter von 16 Jahren.

Der Umgang mit digitalen Medien und deren Inhalten muss ein ethisches Thema an Schulen werden, denn wir tragen die Verantwortung für die psychische Gesundheit der Kinder. Auch Eltern sind enorm gestresst, wenn es um die Handynutzungsdauer und Verrohung der Sprache ihrer Kinder geht, bis hin zu Familiendramen. Wie können wir gegensteuern? In einigen Schulen tun sich Eltern, Kinder und Lehrerkräfte zusammen, um solche Themen aus allen Perspektiven offen und ehrlich zu beleuchten und *gemeinsam* Lösungen zu suchen. Wir müssen als Eltern mit unseren Kindern darüber sprechen und dürfen diese Themen nicht verteufeln und verdrängen. Wir dürfen sie mit diesen Themen nicht alleinlassen und wegschauen. Dafür braucht es Orte, Zeiten, Räume.

WAS UNS HOFFNUNG MACHT

Die Weltgemeinschaft bricht auf

1972 veröffentlichte der Club of Rome den Bericht *Die Grenzen des Wachstums*, der mit 30 Millionen verkauften Exemplaren ein Weltbestseller wurde. Er stellt das damalige lineare Denken auf den Kopf. Sieben Jahre später plädierte der Club of Rome für einen Paradigmenwechsel in den Schulen, nämlich den Wandel vom »Schock-Lernen« zum »Innovativen Lernen«. *Partizipation* und *Antizipation* sollen dazu dienen, auf gemeinsames Handeln in neuen Situationen vorzubereiten. Unter Partizipation ist das gemeinsame Bewältigen von Zukunftsaufgaben zu verstehen, in einer Haltung, die durch Dialog, Kooperation und Empathie gekennzeichnet ist. Antizipation bedeutet die Übernahme von Verantwortung für die eigene Generation und zukünftige Generationen.[24] Welch kluge Weitsicht, die bereits vor 45 Jahren in die UNESCO-Bildungsprogramme eingeflossen ist!

Die AGENDA 21

1992 fand die Weltkonferenz für Umwelt und Entwicklung der Vereinten Nationen in Rio de Janeiro statt. Die Welt hatte erkannt: Die Menschheit steht an einem entscheidenden Punkt ihrer Geschichte. Die großen Herausforderungen können nur gemeinsam gelöst werden, in globaler Partnerschaft, die auf eine nachhaltige Entwicklung ausgerichtet ist – so die Präambel des Abschlussdokumentes AGENDA 21. Bildung ist ein wesentlicher Schlüssel, darin war man sich einig. So wurde nach der Weltkonferenz in Rio eine internationale Kommission um Jacques Delors beauftragt zu erforschen, wie

Bildung gestaltet sein müsse, dass transformationsfähige Menschen daraus erwachsen. Das Ergebnis der dreijährigen Forschung ist in dem Buch *Lernfähigkeit, unser verborgener Reichtum – UNESCO-Bericht zur Bildung für das 21. Jahrhundert dargelegt.* Die Kommission ist überzeugt: »Bildung muss die Saat eines neuen Humanismus werden. Ein Humanismus, der deutlich durch eine ethische Komponente charakterisiert ist und sein Gewicht auf Wissen und Respekt vor anderen Kulturen und spirituellen Werten verschiedener Zivilisationen legt. Lernen soll mithelfen, ein aktives Gemeinwesen aufzubauen. Dabei soll es jedem ermöglicht werden, seinen Teil an Verantwortung in der Gemeinschaft und für das Gemeinwohl zu übernehmen.«[25] Der UNESCO-Bericht plädiert für eine Neuausrichtung des Curriculums entlang der vier gleichberechtigten Säulen: *Lernen, Wissen zu erwerben; lernen, zusammenzuleben; lernen, zu handeln; lernen, zu sein.* Das Leitbild der nachhaltigen Entwicklung war geboren. Es ist ein ethisches Konzept. Es geht um Sinn- und Wertefragen im Bewusstsein, um globale und intergenerationelle Gerechtigkeit und Verantwortung – ein Ethos für die Schulen. Der Bericht hat mich, Margret, gleichermaßen fasziniert und zum Handeln ermutigt. Als ich 1997 Schulleiterin in Essen wurde, entwickelten wir unser Schulprogramm auf Basis der AGENDA 21 und den vier Säulen der UNESCO.

Die Global Goals und der Weltaktionsplan

Im September 2015 machte die Vollversammlung der Vereinten Nationen einen weiteren bedeutsamen Schritt auf dem Weg der großen Transformation.[26] Sie verabschiedete einstimmig die *17 Nachhaltigkeitsziele*, auch *Global Goals oder SDGs*

(Sustainable Development Goals) genannt. Das vierte Ziel, *Quality Education*, hat einen kraftvollen Schub in Richtung Schultransformation ausgelöst. Die UNESCO entwickelte den *Weltaktionsplan* und das Programm *Bildung für nachhaltige Entwicklung 2030*. Betont wird, dass Wissensvermittlung nicht ausreicht, um nachhaltig leben zu lernen. *Learn for our planet – act for sustainability* heißt die Devise. Es geht um Empathie, Solidarität und Aktionsfähigkeit. Die Herzen zu bilden und die Menschen zum Handeln zu *empowern*. Schulen sollen sich zu ökologischen Lernorten entwickeln, Prozesse partizipativ und an den *SDGs* orientiert gestalten, sich in Bildungslandschaften mit Partnern vernetzen. Gestaltungskompetenz und Selbstwirksamkeit sind dafür die Schlüssel. Bildung für nachhaltige Entwicklung bedeutet, vieles radikal neu auszurichten, und ist Chance, Verantwortung und Auftrag!

Der Nationale Aktionsplan

Um diese Ziele in Deutschland zu realisieren, haben auf Initiative der Bundesregierung mehr als 350 Organisationen und Vertreter aus Zivilgesellschaft, Politik, Bildung und Wirtschaft den UNESCO-Weltaktionsplan in den *Nationalen Aktionsplan Bildung für nachhaltige Entwicklung*(NAP)übersetzt, der im Juni 2017 verabschiedet wurde. Die Bundesländer sind in der Umsetzung unterschiedlich mutig. Die Bandbreite reicht von Erlassen über Empfehlungen bis zu Experimentierklauseln. Die Kultusministerkonferenz hat im Juni 2024 Empfehlungen zu Bildung für nachhaltige Entwicklung beschlossen.[27] Doch vielen Lehrkräften ist nach wie vor unklar, wie dieser wichtige Auftrag im schulischen Alltag konkret ausgestaltet werden kann, vor allem bei den ohnehin übervollen Lehrplänen. Hier braucht es dringend Freiräume, Autonomie an der Basis, positive Beispiele, Fortbildung und Transformationsbegleitung für die Schulen. Außerdem eine Veränderung der Ausbildung. Und vor allem einen entschlossenen, echten politischen Willen zur Umsetzung der Ziele.

Der Lernkompass 2030

Auch die OECD hat dem Bildungs- und Schulwesen eine Richtschnur an die Hand gegeben, den *OECD Lernkompass 2030.*[28] Er zeigt das Wissen, die Skills, die Haltungen und Werte, die Schülerinnen und Schüler benötigen, um den zahlreichen Veränderungen der Lebenssituation und der weltpolitischen Lage nicht hilflos ausgeliefert zu sein, sondern aktiv zur Gestaltung einer wünschenswerten Zukunft beitragen zu können. Der Lernkompass unterscheidet zwischen *Student Agency,* die sich auf die einzelnen Lernenden, und *Co-Agency,* die sich auf alle den Lernprozess beeinflussenden Personen bezieht. »Student Agency ist definiert als die Überzeugung, dass Schülerinnen und Schüler den Willen und die Fähigkeit haben, ihr eigenes Leben und die Welt um sie herum positiv zu beeinflussen, sowie die Kapazität, sich ein Ziel zu setzen, zu reflektieren und verantwortlich zu handeln, um Veränderungen herbeizuführen.« Damit junge Menschen dazu befähigt werden, braucht es ein förderndes Umfeld, die *Co-Agency* – unterstützende und bereichernde Beziehungen in Familien, mit Peers und Lehrkräften und im kommunalen Umfeld.

In bildungspolitischen Papieren wie diesen wird formuliert, dass Schule auf die Veränderungen und Herausforderungen im 21. Jahrhundert reagieren und Antworten finden soll, wie sie junge Menschen auf die Lösung der Zukunftsaufgaben angemessen vorbereitet und die Begeisterung am lebenslangen Lernen erhält. Doch in der Praxis geht es nur zögerlich voran. Der Bildungspolitik in Deutschland fehlen Vision und Mut. Es braucht deshalb die mutige Bottom-up-Kraft der Zivilgesellschaft und Schulen, die mutig vorangehen. Uns macht Hoffnung, dass bildungspolitisch die Weichen gestellt wurden und dabei klar auf die Kraft der jungen Menschen gesetzt wird. Uns macht Hoffnung, dass immer mehr Schulen und unterstützende Initiativen aufbrechen.

Das wichtigste Schulbuch der Kinder

Das Buch *Rettungsaktion Planet Erde – Kinder der Welt zum Umweltgipfel von Rio* ist die Kinderausgabe der AGENDA 21. Tausende von Kindern und Jugendlichen aus hundert Ländern der Welt haben daran mitgearbeitet. Ein ermutigendes Buch – geschrieben und illustriert von Kindern für Kinder. Berührende künstlerische Werke finden sich auf jeder Seite – Texte, Poesien, Botschaften und gemalte Bilder. Kinder erklären den Weg nach Rio und die Kapitel der AGENDA 21. Immer geht es auch darum, wie Kinder und Jugendliche sich einklinken können. In der Kinderausgabe der AGENDA 21 heißt es zum Schluss: *Wir fühlen uns oft machtlos. Wir glauben, wir könnten nichts ändern. Man muss kein Wunderkind sein. Die täglichen Anstrengungen, die jeder von uns auf sich nimmt, sind genauso wichtig. Entscheidend ist die Stimme deines Herzens. Lass sie deutlich vernehmen! Wenn du ein Maler bist, dann male mit großer Leidenschaft. Wenn du ein Schriftsteller bist, dann schreibe mit großer Leidenschaft. Wenn du ein Umweltschützer bist, dann verteidige die Natur mit deiner ganzen Kraft. Das ist unsere Einladung an dich, mitzuhelfen. Deine*

Rettungsaktion kann jetzt beginnen! Die Kinder der Essener AGENDA-Schule waren von dem Buch so begeistert, dass sie es mit hoher Ernsthaftigkeit zum wichtigsten Schulbuch erklärten. Wichtig war ihnen auch, dass alle Besucher:innen davon erfahren sollten. *Rettungsaktion Planet Erde* schmückte daher, auseinandergenommen und einlaminiert, auf 40 Metern Länge unseren Hauptflur und hat in der Tat viele Menschen inspiriert.

Die Kraft der Kinder

Kinder wollen gehört werden und gestalten

Kinder lieben Umweltthemen. Kinder haben auch ein starkes Gespür für Gerechtigkeit oder Ungerechtigkeit. Kinder möchten ihre Ideen und Meinungen einbringen. Das durfte ich, Margret, als junge Lehrerin ab 1980 an einem Gymnasium in Essen vielfältig erleben. Zwei Beispiele zeigen dies:

Klasse fünf. Zwei Mädchen kommen ganz aufgeregt in den Unterricht: »Wir müssen sofort die Bäume retten!« Worum ging es? In der Straße, in der sie wohnten, waren Bäume einbetoniert, der Asphalt brach auf, und das war für sie das Zeichen zum Handeln: Es geht den Bäumen nicht gut. Die Klasse war sich einig: »Klar müssen wir die Bäume retten.« Auch für mich war klar: Dieses Anliegen der Kinder war wichtiger als der Lehrplan. Darin kamen Bäume nämlich erst ein Jahr später vor. Was tun? Die Kinder luden sich den Leiter vom Grünflächenamt ein. Nach langer Diskussion waren sie enttäuscht. Denn er argumentierte, den Bäumen zu helfen ginge nicht, es sei im Haushaltsplan kein Geld dafür eingestellt, und die Maßnahme sei auch sowieso nicht vorgesehen. Die Kinder waren nicht nur enttäuscht, sondern auch empört. Und dann legten sie los: »Jetzt holen wir die Presse, jetzt gehen wir an die Öffentlichkeit. Jetzt bleiben wir weiter dran.« Nach einem wilden Jahr mit einigen Pressebesuchen und einer Straßendemo konnten die Kinder stolz auf ein großartiges Ergebnis blicken: In der Straße waren Baumbeete angelegt, um die sie sich zunächst selbst kümmerten, bis sie dann Anwohner:innen gefunden hatten, die diese Aufgabe übernahmen. Und ich habe viel gelernt von den Kindern: Wenn wir an sie glauben, ihnen vertrauen und Raum öffnen, dann legen sie los, beharrlich, selbstbewusst, überzeugt von der Sache, im Team. Eine wichtige Erfahrung für mich, die sich noch vielfach wiederholen sollte.

Fünf Jahre später, Klasse 8: Ich bin inzwischen Klassenlehrerin. Wir haben ein sogenanntes Gastarbeiterkind in der Klasse, Enrico. Deutschland hat nach dem Zweiten Weltkrieg Arbeitskräfte aus Ländern wie der Türkei, Italien und Griechenland angeworben, um den Arbeitskräftemangel zu kompensieren. Es wurde allerdings nicht eingeplant, dass viele von ihnen blieben und Kinder bekamen, die damals Gastarbeiterkinder genannt wurden. Diese standen schulisch oft vor besonderen Herausforderungen, da viele von ihnen zu Hause keine Hilfe bekommen konnten. Enrico erzählte in der Klasse, dass in seinem Wohnblock viele Kinder leben, die im Unterricht nicht mitkommen und verzweifelt sind. Er helfe einem Grundschüler, und das würde ihnen beiden viel bringen. Ihm, Enrico, der helfe, und dem kleinen Alessandro, der wieder Mut und Lernfreude fasse. Aber was ist mit den anderen? Wir wollen was tun, das ist ziemlich schnell klar. Was können wir tun? Ein Schülercafé am Nachmittag für Nachhilfe und Hausaufgabenhilfe und auch spielen und kennenlernen sind Ideen. Wo könnte das stattfinden? Es soll ein schönerer Ort sein als unser Klassenzimmer und am besten gar nicht in der Schule. Fünf Schüler:innen bildeten eine Projektgruppe, fanden eine Jugendeinrichtung, die Räume zur Verfügung stellte, gingen durch alle Klassen und begeisterten weitere Mitschüler:innen für »Kinder für Kinder«. Nach wenigen Wochen gab es eine Gruppe von 86 Schüler:innen aus den Jahrgängen 5–12 unseres Gymnasiums, die – eingeteilt in Wochentagsdienste – viermal die Woche selbst organisiert die

»Gastarbeiterkinder« unterstützten. Eine wunderbare Erfahrung von Selbstwirksamkeit und Freude an Verantwortung für die Jugendlichen und ein großartiges Beispiel für Peer Learning.

So durfte ich früh und tiefgreifend erfahren, wie Kinder sich einsetzen und gestalten wollen und welche Strahlkraft sie haben. An der Schule, einem sehr konservativen und sehr strengen ehemaligen Jungengymnasium, war ich damals eher Einzelkämpferin. So beschloss ich, Schulleiterin zu werden, um mehr Wirkungskraft zu haben. 1997 war es dann so weit: In Essen-Holsterhausen wurde eine neue Gesamtschule gegründet, in einem sozioökonomisch schwachen Stadtteil.

Viele, die mich kennen, verbinden mich mit der Evangelischen Schule Berlin Zentrum (esbz), die viele Schulen zum Wandel inspiriert hat. Nur wenige wissen, dass die Wurzeln der Lernkultur der esbz in Essen an einer Gesamtschule gelegt wurden. Tatsächlich ist es aber so, und deswegen teile ich hier meine Erfahrungen an der AGENDA-Schule Essen-Holsterhausen. Vieles von dem, was dort entwickelt worden ist, ist später an der esbz weiterentwickelt worden. Ich schreibe auch deshalb über Essen, weil ich immer mal wieder höre, mit Kindern und Eltern aus sozioökonomisch benachteiligten Familien ginge das alles nicht, oder Kinder mit Hauptschulempfehlung könnten nicht selbstständig arbeiten. Mit vielen Beispielen, was Kinder alles auf die Beine stellen, wenn wir an sie glauben und ihnen Möglichkeitsräume eröffnen, möchte ich diese Annahmen vom Kopf auf die Füße stellen, Anregungen geben und Mut stiften.

Wir starteten 1997 mit 142 Kindern aus 19 Herkunftsländern. 40 Prozent der Schüler:innen hatten Migrationshintergrund und 60 Prozent eine Hauptschulempfehlung. 50 Prozent der Kinder des ersten Jahrgangs waren von anderen Gesamtschulen abgelehnt worden. Diese Zahlen ermutigen hoffentlich Schulleiter:innen und Lehrer:innen, sich auf eine Lernkultur einzulassen, die Kinder mit ihrer einzigartigen Herzensintelligenz in den Vordergrund stellt. Diese Lernkultur ist seit vielen Jahren vielerorts erprobt, in einem System, das wir oft als Hinderungsgrund für Veränderung sehen. Ich möchte Mut machen, mit Weitblick und Herz den eigenen Weg zu gehen.

1997 war ein besonderes Jahr. Es war das Europäische Jahr gegen Fremdenfeindlichkeit und Rassismus. Und es war das Jahr, in dem die UNESCO mit dem *UNESCO-Bericht zur Bildung für das 21. Jahrhundert* zum Paradigmenwechsel in der Bildung aufgerufen hat. Für uns als Schule waren die beiden Ereignisse damals Ermutigung und Anspruch zugleich.

Wenn es am Anfang dieses neuen Jahrtausends um existenzielle Fragen, um planetare Grenzen und das Überleben der Menschheit geht, dann müssen wir in der Schule ebenfalls die großen Fragen in den Blick nehmen. Für mich war das Leitbild der nachhaltigen Entwicklung, formuliert in der AGENDA 21, handlungsleitend. Und so wie mir ging es auch meinen Kolleg:innen, den Kindern, den Eltern. Es geht um Verständigung und Bewusstsein für eine globale Verantwortung. Es geht darum, das Zusammenleben zu lernen in der Einen Welt, und darum, dass wir alle Verantwortung übernehmen müssen. Wir starteten mit zehn Lehrer:innen, 142 Kindern und 142 Familien. *Verantwortung für Kinder – Verantwortung für die Erde* wurde unser Leitbild, passend zu den vier Säulen der UNESCO: *Lernen, Wissen zu erwerben; lernen, zusammenzuleben; lernen, zu handeln; lernen, zu sein.*

Alle wurden eingebunden. Zunächst die *Lehrkräfte* mit ihren Interessen. Einigen Lehrer:innen waren ökologische, anderen entwicklungspolitische Fragestellungen bedeutsam, eine weitere Lehrerin engagierte sich im Bereich Kinderrechte. So bauten wir von Anfang an Kontakte zu Initiativen und NGOs auf. Wie die Themen der AGENDA 21 in Unterricht und Projekte eingebaut werden könnten, war immer wieder Thema in Fach- und Teamkonferenzen.

Die Zusammenarbeit mit *Eltern* war uns von Beginn an wichtig. Wie die Kinder wollen auch Eltern einbezogen sein und ihre Perspektiven und Schätze einbringen. Die Eltern brachten sich auf vielfältige Weise und in verschiedenen Gremien ein und wurden zu Botschafter:innen des AGENDA-Gedankens.

Die Verwicklung der *Kinder* in den Entwicklungsprozess zur AGENDA-Schule war vielfältig. Einige Themen wurden von der Schulleitung und dem Kollegium von Anfang an gesetzt. Bei der Entwicklung der Schule zu einem ökologischen Lernort war es zum Beispiel für das Gründungskollegium klar, dass Müllvermeidung ein gelebter Grundsatz sein sollte. Dazu gehört, Mehrwegverpackungen für Pausenfrühstück und Getränke und umweltfreundliche Schulmaterialien zu benutzen, die Schüler und Eltern auch günstig in der Schule kaufen konnten. Es war die Klasse 5c, die dann auf die Idee kam, mitreden zu wollen, und sie hängten ein Wandbild mit der Aufforderung auf, dass Kinder, die diese Idee von sich aus aktiv unterstützen wollen, unterschreiben und gern weitere Ideen aufschreiben können. In diesem Kontext dichteten Kinder unsere ersten Sprüche wie »In unserer Schule sind wir schlau, für Hefte Altpapier genau«; »Sparst du Energie, bist du schlau wie nie«, »Der Plastikmüll wird immer mehr, bei uns – ohne Filzer und Eddings – bleibt die Mülltonne leer«; »Setzt du weiter auf die Dose, geht die Umwelt in die Hose«. Fast alle Kinder unterschrieben auf der Wandtafel.

Unsere erste Projektwoche hatte auf Wunsch der Schüler *Kinderrechte* zum Thema. In den fünften Klassen suchten sich die Kinder spezielle Projektthemen für ihre Klassen.

Die 5a entwickelte zusammen mit *fair handel e. V.* ein Straßentheater »Kleider machen Leute«, in dem es um den 15 000 Kilometer langen Weg einer Jeans von den Baumwollfeldern in Kasachstan über die Verkaufsregale in Deutschland und über die Altkleiderentsorgung bis zum Wochenmarkt in Afrika ging, wo sie wieder verkauft wird. Alle Kinder, auch die geistig behinderten, hatten Rollen übernommen. Zum *Europäischen Tag der Kleidung* führten die Kinder am 9. Mai 1998 ihr selbst entwickeltes Stück an einem verkaufsoffenen Samstag in der Innenstadt mehrfach mit viel Publikum vor der Marktkirche auf, verbunden mit einer Modenschau mit fair gehandelten T-Shirts.

Die Klasse 5b hatte sich als Thema »Was gibt es für Kinder in unserem Stadtteil?« ausgesucht. Die Klasse teilte sich in Kleingruppen auf. Jede Gruppe suchte sich ein Unterthema: Spielplätze, Freizeiteinrichtungen, Beratungsstellen, die Kinderklinik, was tun bei Alkoholproblemen in der Familie. Eine Erfahrung, von der die Kinder berichteten, war die sehr unterschiedliche Auskunftsbereitschaft der Institutionen, als die Kinder anriefen. Manche gaben am Telefon eine eher karge Auskunft – »wir wurden gar nicht ernst genommen« –, andere freuten sich, dass die Kinder vorbeikommen wollten, um persönlich mit den Menschen zu reden. Aus dieser Projektwoche ist die *Spielplatzpatenschaft* der Schule entstanden.

Die 5c und 5e hatten sich das Thema *Kinderarbeit* ausgesucht. Sie beschäftigten sich mit der Situation von Kindern in Afrika und Südamerika, stellten ihre Ergebnisse auf dem Kirchplatz in Holsterhausen aus, sprachen mit den Passanten und erprobten sich selbst als Schuhputzer.

Die 5d hat sich in fünf Gruppen mit den von den Kindern als am wichtigsten angesehenen Themen auseinandergesetzt: Freiheit von Gewalt; Schutz im Krieg und auf der Flucht; Recht auf Spiel; Recht auf freie Meinungsäußerung und Beteiligung; Recht auf Information. Auch die 5d hat sich auf dem Kirchplatz präsentiert. An Wäscheleinen haben sie die Kinderrechte auf großen Plakaten an die Bäume gehängt, zusammen mit ihren Wünschen und Fragen, und die Passanten zu den Rechten der Kinder interviewt. Eine Gruppe hat sich mit Landminen beschäftigt und zusammen mit UNICEF einen Aktionsstand gegen Landminen gestaltet und Unterschriften und Geld gesammelt. Die 5d hat sich nach der Projektwoche mit dem Thema *Kinderrechte* weiter beschäftigt, einen Bundestagsabgeordneten eingeladen und zusammen mit den *Falken* in deren Studio eine Radiosendung zum Thema Kinderrechte produziert, in der sie die Erfahrungen der Projektwoche verarbeiteten. Beim 2. Internationalen Projekttag der Solidarität der UNESCO-Projektschulen im März 1998 stellten die Kinder in einer einstündigen Präsentation im Aufbaugymnasium vor ca. 600 Gästen völlig selbstständig – ohne Hilfe ihrer Lehrkräfte – ihre Ergebnisse dar! Ich bin überzeugt, dass das mutige, selbstbewusste Auftreten der elfjährigen Kinder auf der Bühne vor völlig fremdem Publikum mit den positiven Präsentationserfahrungen auf den Versammlungen in unserer Schule (siehe S. 91) zusammenhing.

Auch im Fachunterricht hatten die Kinder viele Ideen. Sie untersuchten in Naturwissenschaften die Wasserverschwendung in der Schule durch zu starke Einstellung der Druckhähne und schrieben einen Brief an die Verwaltung; sie kamen den Energiefressern im Haushalt auf die Spur; sie nahmen am Wettbewerb »Kreativ gegen Müll« teil und vieles andere mehr. Im Mathematikunterricht berechneten sie beispielsweise, wie lang die »Dosen-Strecke« wird, wenn die 79 840 Essener Schülerinnen und Schüler jeden Tag eine Dose einsparen. Das sind im Jahr über 29 Millionen Dosen. Mit den 6 Milliarden, die laut Bundesumweltamt (1997) jedes Jahr in Deutschland verbraucht wurden, entsteht – wieder hintereinandergelegt – eine Länge, die dem 16-fachen Erdumfang entspricht. Und das jedes Jahr! Denn aus einer Dose wird nie wieder eine Dose, das hatten die Kinder auch herausgefunden.

Im September 1998 wurde die Gesamtschule Holsterhausen auf einstimmigen Beschluss der Schulkonferenz eine AGENDA-Schule. »Wir orientieren uns bei der Entwicklung unseres Schulprogramms an den Beschlüssen der UN-Konferenz in Rio de Janeiro 1992, die in der AGENDA 21, dem Handlungsprogramm für das 21. Jahrhundert, niedergelegt sind. Lernen und Handeln auf dem Hintergrund der AGENDA 21 sehen wir als gesellschaftlichen Auftrag der Schule an. Die Orientierung am Leitbild der Nachhaltigkeit erstreckt sich auf die Bereiche: Unterrichtsinhalte, Lehr- und Lernformen, Schulleben, Gebäude und Ausstattung, Zusammenarbeit mit dem Umfeld und Partnern.«

AGENDA-Revue

Aus der Projektwoche im ersten Jahr entwickelte sich die *AGENDA-Revue* mit allen zehn Klassenstufen im zweiten Jahr. Dies haben wir in den normalen Schulunterricht integriert und auch in eine Projektwoche am Ende des Schuljahres. NGOs waren wieder eingebunden. Eltern haben in Arbeitsgemeinschaften mitgeholfen, in denen zum Beispiel Bühnenbilder und Requisiten hergestellt wurden. Alle Klassen haben

Szenen geschrieben. Das verbindende Element der recht unterschiedlichen Themen waren Außerirdische, die die Erde besuchten: *Außerirdische auf den Spuren der Erdlinge.* Die Uraufführung fand mit riesigem Erfolg statt – nachmittags alle Schülerinnen und Schüler, Freunde, Geschwister, abends dreihundert weitere Besucher:innen. Wegen der großen Nachfrage fanden noch drei weitere Aufführungen statt, immer ausverkauft und mit großer Resonanz in den Medien.

Auf Beschluss der Kinder waren wir bereits im Gründungsjahr 1997 dosenfrei, und das Programm *MIPS für KIDS,* das 1999 vom Wuppertal Institut rauskam und spielerisch aufklärt über ökologische Rucksäcke und auch über den Lebensweg einer Dose, kam da wie gerufen.[29] *MIPS für KIDS,* war im Curriculum der Klasse 6 fest verankert und hat alle inspiriert. Die Kinder waren aufgerüttelt und auch empört. Sie haben viele Ideen für Klimaschutzhandeln entwickelt, umgesetzt und auch außerhalb der Schule dafür geworben. Sie haben beispielsweise Kinder in Grundschulen zum Handeln begeistert und Bürger auf der Straße aufgeklärt. So haben sie einhundert Bürger:innen aus dem Stadtteil gewonnen, die einen Monat ohne Dosen gelebt haben. Das war ein interessantes Sozialexperiment, insbesondere auch der wöchentliche Erfahrungsaustausch darüber in unserem Forum.

Engagement der Kinder braucht Freiräume

Wenn wir etwas wollen, braucht es Orte, Zeiten, Räume. Und wenn eine Säule des neuen Lernens *Handeln lernen* heißt, dann müssen wir diese Orte und Zeiten schaffen. Das alles konnte sich auch entwickeln, weil Schüler:innen, Lehrer:innen und Eltern gemeinsam getragen waren von der großen Vision der AGENDA 21, der Kraft der Bedeutsamkeit. Und weil wir die Schule geöffnet haben und somit Expertise und Unterstützung von vielen Partnern aus dem Gemeinwesen erhielten. Die Kinder haben entdeckt, wie sie sich im Sinne der AGENDA 21 ökologisch, entwicklungspolitisch und Kinderrechte-gemäß einmischen und Dinge verändern können. Nachdem beispielsweise Kinder in einem Projekt zu Kinderarbeit in Pakistan am eigenen Leibe erfahren haben, welche Schwerstarbeit es ist, einen Fußball zu nähen, haben sie sich gefragt, wie es in unseren Turnhallen aussieht. Haben wir Bälle aus fairem Handel? Mit hohem Einsatz und Dranbleiben hat eine Klasse es geschafft, dass die Stadt die Schulen mit fair gehandelten Fußbällen ausgestattet hat. Sie haben einen positiven Handabdruck hinterlassen wie auch beim Fair-Handel-Kiosk und dem mit Eltern selbst organisierten gesunden Mittagsimbiss. Eine Klasse hat einen öffentlichen Energielehrpfad angelegt, und wieder eine andere Gruppe hat geholfen, ein Tal zu renaturieren und es zu pflegen.

Ein Schulsong verbindet

Der deutschlandweite Projekttag der Solidarität der UNESCO-Projektschulen fand im Jahr 2000 in Essen in der Zeche Carl statt. Unsere Schule wurde gefragt, ob wir einen Beitrag leisten wollten. Ich fragte die Kinder. Ezgi, Jessica, Lara, Laura und Steffi hatten Lust, dieses wichtige Ereignis mit einem Rap zu eröffnen. Viele Stunden haben sie daran gearbeitet. Und dann war es so weit. Von links und rechts kommend zogen wir mit 25 Schüler:innen und selbst gebauten Handtrommeln und Rasseln in den vollen Saal ein. Alle schauten gespannt auf uns. Ezgi trat vor und sprach: »Man, jemand und jedermann wusste, dass eine wichtige Arbeit zu erledigen war. Man hätte sie geschafft. Und jedermann glaubte, jemand würde sie tun. Doch am Ende tat sie niemand.« Und dann kam die Botschaft »Wir fangen an!«, gesprochen von Angela, Dantas, Eduardo, Erdal, Gabriel, Igor, Ivan, Irini, Martin, Miriam, Nabil, Nirosha, Sara, Sascha, Sonja, Sunny, Thomas, Veysel in ihren 18 verschiedenen Sprachen und aufgeschrieben auf Holzschildern im Format DIN A4, die sie hochhielten. Stille im Saal. Es war ein magischer Moment. Der AGENDA-Song wurde unser Schulsong und erschallte bei wichtigen Ereignissen in der Schule und der Kommune.

AGENDA Song – AGENDA-Schule Essen-Holsterhausen:

Bildung für eine nachhaltige Entwicklung wurde für die AGENDA-Schule Essen-Holsterhausen wie später auch für die Evangelische Schule Berlin Zentrum Leitbild und Ethos, gemäß der Devise: *Leben, was wir lehren.* Neue Lernformate haben wir mit Beteiligung der Kinder entwickelt – und diese waren dabei oft mutiger als die Erwachsenen: der wöchentliche Projekttag zum Handeln in der Kommune, das »Schulfach« Verantwortung, das inzwischen Hunderte Schulen inspiriert hat, die wöchentliche Schulversammlung, Menschen mit Botschaften einzuladen, Menschen für Zivil-Courage auszuzeichnen, Gebäude und Campus ökologisch und klimagerecht zu gestalten.

So durfte ich früh erleben, welch Wille und Gestaltungskraft in Kindern stecken und mit welcher Ernsthaftigkeit sie Verantwortung übernehmen, mit welcher Leidenschaft und Begeisterung sie sich einbringen, wenn wir ihnen Räume öffnen und an sie glauben. Kinder wollen eingebunden sein in die großen Themen der Welt. Kinder wollen die Welt verstehen und mitgestalten.

Die Schulversammlung – Demokratie braucht Öffentlichkeit

Es ist zwingend erforderlich, dass Jugendliche aus allen Teilen der Welt auf allen für sie relevanten Ebenen aktiv beteiligt werden, weil dies ihr heutiges Leben beeinflusst und Auswirkungen auf ihre Zukunft hat. Zusätzlich zu ihrem intellektuellen Beitrag und ihrer Fähigkeit, unterstützende Kräfte zu mobilisieren, bringen sie einzigartige Ansichten ein, die in Betracht gezogen werden müssen. AGENDA 21, Kapitel 25

Kinder und Jugendliche haben viel zu sagen. Deshalb haben wir möglichst viele Gelegenheiten geschaffen, dass sie selbst zu Wort kommen. Im *Klassenrat* haben sie öffentlich verhandeln schon im Schutzraum der Klasse geübt. Die Versammlung ist ein starkes demokratisches Gemeinschaftserlebnis in der Kultur des Wir. Die wöchentliche Versammlung ist ein Ort des öffentlichen Diskurses vor der Schulgemeinde. Oft stoßen auch Eltern dazu oder Partner der Schule und andere Gäste.

»Die Versammlung ist ein Ort, wo wir mitbestimmen und unsere Meinung sagen können. Alle Kinder des Jahrgangs treffen sich. Hier werden Texte, Szenen und Tänze aufgeführt, Projekte

vorgestellt und wichtige Themen ans Licht geführt. Die Moderation übernehmen wir selbst. Versammlung und Klassenrat sind Stunden, wo wir Verantwortung für das, was in der Schule passiert, übernehmen, wo wir über Probleme und Verbesserungen sprechen können und bei denen wir für den Ablauf und die Präsentation selbst verantwortlich sind.« (Lars, 13 Jahre).

»Die Schulversammlung ist ein Band der Verbindung, weil sie von uns Schülern kommt und Schüler etwas für Schüler tun. Es ist wie ein Mutraum.« (Murat, 12 Jahre)

Ziel ist es, eine demokratische Kultur, Identifikation mit der Schule und Eigentätigkeit zu stärken. Öffentlich zu argumentieren, zu präsentieren und Gesicht zu zeigen können Schüler so früh lernen. Deshalb gehören feste Rituale und wechselnde Inhalte zusammen. Die Versammlung wird von den Schülern und Schülerinnen – klassenweise wechselnd – mit Unterstützung der Sozialpädagogin vorbereitet und moderiert. Hier kann Schule als Gemeinschaft erfahren werden, denn die Versammlung ist der Schritt vom »Ich und meine Klasse« zum »Wir und unsere Schule«.

In Essen fand die Schulversammlung einmal im Monat, jeweils jahrgangsweise mit allen fünf Klassen eines Jahrgangs, also 142 Schüler:innen, statt. Später in Berlin in der esbz fand sie jede Woche mit allen Klassen 7–10, also der gesamten Sekundarstufe I, mit 300 Schüler:innen statt und alle zwei Wochen mit der Sekundarstufe II. Ganz gleich, wie modern eine Schule ist, wie vertraut die Atmosphäre dort sein mag: Im Klassenraum bleibt immer ein Rest von Hierarchie zwischen Lehrer:in und Schüler:in zurück und von dem Bild, das man von alter

Schule im Kopf hat. In Formaten, die völlig anders sind, kann das aufgebrochen werden. Bei der Schulversammlung, die von den Schüler:innen vorbereitet und moderiert wird, befinden wir uns plötzlich im öffentlichen Raum, in dem die Lehrer in ihrer sonstigen Rolle praktisch nicht vorkommen – es sei denn, sie gehen auf die Bühne. Durch das Ritual der wöchentlichen Versammlung gewöhnen sich bereits die Neuankömmlinge an eine Großversammlung. Sie lernen, welche Regeln dort gelten, wie man sich verhält und wie man selbst etwas dazu beitragen kann. Hier üben Schüler schon früh, öffentlich zu sprechen und sich am öffentlichen Diskurs zu beteiligen, eine wichtige demokratische Kernkompetenz.

Die Schulversammlung beginnt mit großem Gong, Stille-Minute und einer musikalischen Einführung von einem Kind oder einer Gruppe. Dann folgt das Lob, der Dank. Alle, die jemanden loben oder jemandem danken möchten, kommen auf die Bühne. Manchmal bildet sich eine regelrechte Schlange, manchmal gibt es nur ein oder zwei Lobe. Da loben Kinder ihre Mitschüler:innen, Lehrer:innen die Schüler:innen – und umgekehrt! Das kann Martha sein, die Josi letzte Woche so toll Algebra erklärt hat, oder »Die Jungs, die diese Woche mit Putzen dran sind und besonders gründlich« waren.

Auch unser rühriger Hausmeister, der von Schülern oft als »Der Mann, der alles kann« bezeichnet und heiß geliebt wird, weil er immer fröhlich und hilfsbereit unterwegs ist, wird oft gelobt.

Assad lobt Ajlin: Ajlin war so mutig und hat die Vollversammlung moderiert; Ezgi lobt die Frauen in der Küche: Sie sind zu allen sehr freundlich; Marcel lobt Raffael: Raffael hat sehr gewissenhaft in der Spieleausleihe gearbeitet; Tim und Mohamed loben Tobias, Michael, Remo und Andre: Sie haben mit zwei Vätern den Bauwagen super renoviert; Chantal lobt Anja: Als ein Mädchen aus unserer Klasse neulich sehr traurig war und von den anderen gehänselt wurde, hat sie sie getröstet und die ganze Zeit zu ihr gehalten; Lara und Murat loben das Videoteam der Klasse 8d: Wir haben gerade ein Projekt zu Zwangsarbeit in Essen und drehen einen Videofilm darüber. Damit der Film auch wirklich gut wird, haben sich Alex, Arne, Moritz, Lara und Kaya bereit erklärt, am Wochenende, also Freitagnachmittag und Samstag, ein Seminar beim Offenen Kanal Essen mitzumachen. Jetzt konnten sie alles Gelernte einsetzen. Der Film wurde richtig gut. Eine Lehrerin lobt Moritz: Er hat für den Umweltwettbewerb von Stiftsquelle in seiner Freizeit ein Modell einer Regenwassernutzungsanlage gebaut, das vom technischen Standard und Design her exzellent ist. Das Modell wird in die naturwissenschaftliche Sammlung aufgenommen und im Unterricht eingesetzt.

Noch heute berührt mich die Erinnerung an Anna, die 1998 bei der Schulversammlung des Jahrgangs 6 in Essen sprach. Seit ihrem achten Lebensjahr lebte sie in einem Heim, kam mit zwölf in eine betreute Wohngemeinschaft. Jetzt kam sie nach vorne.

Aus Versehen hatte jemand in der Schule ihre Haarspange zertreten. Die Reste landeten im Papierkorb. Carsten, der um den Wert der Spange für Anna wusste, holte die Reste aus dem Papierkorb, klebte die Spange Stück für Stück zusammen und gab sie Anna zurück. Die zwölfjährige Anna trat vor und sprach zu den über 150 Personen in der Aula: »Ich will Carsten dafür loben, dass er meine Spange geheilt und mir wiedergegeben hat. Sie ist das letzte Geschenk meines Vaters. Carsten konnte ahnen, wie ich fühle, denn er gab mir die Spange zurück mit den Worten: ›Ich weiß, wie das ist. Ich habe auch ein letztes Geschenk meines Vaters.‹«

Mucksmäuschenstill war es in der Aula. Man hätte eine Stecknadel fallen hören können. Mir geht die Erinnerung heute noch unter die Haut.Genauso bewegt mich die Geschichte von Amir. Die esbz hat 2016 vierzig geflüchtete junge Menschen aufgenommen. Viele von ihnen waren unbegleitete Jugendliche. Amir, ein Junge aus Afghanistan, geht bei der Schulversammlung nach vorne. In gebrochenem Deutsch erzählt er: »Letzten Sonntag hat mich Paul angerufen, ob ich Lust hätte vorbeizukommen, Fußballspielen mit ein paar Freunden. Und dann gab es eine Überraschung. Im Wohnzimmer stand ein Geburtstagskuchen mit Kerzen. Kleine Geschenke in buntem Papier lagen drum herum. Mir liefen ein paar Tränen aus den Augen. Es war nämlich mein Geburtstag an dem Tag, und ich wollte schon lange wissen, wie man in Deutschland Geburtstag feiert, und hatte schon im Internet recherchiert. Ich konnte es mir nicht wirklich vorstellen. Und jetzt weiß ich es, mein eigener Geburtstag. Solche Freude. Schade, dass ich nicht gut Deutsch sprechen kann, sonst könnte ich euch noch besser erzählen, wie warm mein Herz war.«

Wir hatten es alle verstanden, denn er sprach mit der Stimme seines Herzens. Vielen, auch mir, standen die Tränen in den Augen. Vor Rührung. Danach haben alle dreimal geklatscht – solchen Applaus bekommt an der esbz, wer besonders mutig ist. In der nächsten Versammlung traute sich Amir, ein Lied aus seiner Heimat vorzusingen. Er tanzte dabei über die Bühne. Welch ein großes Geschenk für uns alle. Sein Mut, seine wunderschöne Stimme, sein berührendes Bewegen, das Teilen seines Verbundenseins mit der Schönheit seines Heimatlandes. Wieder liefen Tränen. Das ist Herzensbildung! In Deutschland ist eine Anerkennungskultur nicht besonders ausgeprägt, man meckert eher. Aber ein respektvoller und wertschätzender Umgang lässt sich etablieren! Und kostet kein Geld.

»Manche denken, es sei nicht so wichtig, solche lobenden Worte auszusprechen, aber es macht was mit einem. Es ist eine ganz schöne Herausforderung, sich vor die ganze Schule zu stellen und etwas Gutes zu sagen. Das weiß auch jeder an der Schule. Und wenn man dann selbst gelobt wird, freut man sich einfach ganz doll, und es ermutigt einen, Dinge noch mal zu tun.«
(Clara, 14 Jahre)

Nach dem Loben und Danken kommen die Geburtstagskinder nach vorne, und alle schmettern *Happy Birthday*. Weitere feste Elemente sind das gemeinsame Singen. Das *Lied der Woche* wird von der vorbereitenden Klasse ausgewählt. *Speak your mind* ist der Ort, um Kritik zu üben und Verbesserungsvorschläge zu machen – ein wichtiges Training dafür, öffentlich Courage zu zeigen und auch Dinge anzusprechen, die nicht so gut laufen. Und schließlich hat danach jeder die Möglichkeit, etwas beizutragen, was er sich selbst überlegt hat. Da steht dann Antonia, eine Elftklässlerin mit einer unglaublichen Stimme, auf der Bühne und singt mit vier Siebtklässlern *Oh happy day* – Berührung pur. Oder zwei Jungs, die mit Beatboxing überraschen und alle zum Jubeln bringen. Einmal singt eine Schülerin für eine Freundin ein Lied zum Geburtstag, das sie selbst gedichtet hat. Die Aufregung war der sonst so Selbstbewussten anzusehen. Ein magischer Vertrauensmoment. Ich bin heute noch berührt, wenn ich an Christian denke, einen schüchternen Jungen. Es ist im zweiten Jahr an der Schule in Essen. Christian kommt auf die Bühne und erzählt, dass er am letzten Wochenende Firmung hatte. Und warum dies für ihn ein ganz großes Ereignis und Erlebnis war. Stille im Raum. So Persönliches berührt unsere Herzen. Ich stecke ihm danach spontan eine Mutkarte zu. Was *das* wiederum für den ErMUTigten bedeutet, beschreibt er später im Buch *Mutgeschichten* einmal so: »Hallo, ich bin der Christian. In der Versammlung habe ich was über meine Firmung vorgelesen. Ich war total aufgeregt. Mein Herz klopfte ganz doll. Als ich zu Ende gelesen hatte, habe ich eine Mutkarte bekommen. Zuerst hatte ich sie in meinem Etui, jetzt habe ich sie in meinem Portemonnaie. Ich guck sie oft an. Ich bin total stolz auf meine Mutkarte.« Mit solchen Ritualen lässt sich der Mobbingkultur entgegenwirken. Sie stärken Vertrauen, Verbundenheit und Mut. Sie stärken die Kraft der Kinder.

Dadurch, dass die wöchentliche Versammlung ein festes Lernarrangement ist, bietet sie auch Raum für mehr: Es können Projektergebnisse vorgestellt und Initiativen eingeladen werden, die ihre Arbeit und Kooperationsmöglichkeiten vorstellen. Zum Halbjahres- und zum Schuljahresende wird die Schulversammlung zur Auszeichnungsversammlung. Dann gibt es Anerkennung in Form von Urkunden. Die Klassen überlegen mit, wer welche Auszeichnung bekommen soll. Auch alle Lehrer werden bei der Auszeichnungsversammlung individuell ausgezeichnet. Oft geben die Schüler:innen dafür wertvolle Hinweise. Es ist ein tolles Gefühl, wenn die Lehrerteams vorne stehen und die Schüler:innen sich mit ihnen freuen und sie beklatschen. Eine bewegende Form der Wertschätzung, die aufgezeichnet wurde:

Auszeichnungsfeier Evangelische Schule Berlin Zentrum

Im Oktober 1998 hat die 5c die außerordentliche Versammlung erfunden. Dazu hatte Alex, elf Jahre alt und Klassensprecher der 5c, aufgerufen. Welch eine tolle Idee, denn es gab einen Anlass. In der Pause wurde *Gummel* gespielt. Ein Spiel, bei dem »Koteletts« ausgeteilt werden: Man kriegt einen Schlag auf den Kopf oder in den Bauch, oder ein Ohr wird umgedreht. Schnell hatte es sich ausgebreitet, und ein Schüler aus Alex' Klasse wurde beim Gummel-Spiel übel am Ohr verletzt. Die 5c beriet den Vorfall im Klassenrat und schlug vor, eine außerordentliche Versammlung dazu zu machen. Bemerkenswert, wie schnell die Kinder, die ja erst ein paar Wochen an der Schule waren, die Versammlung als öffentlichen Verhandlungsort internalisiert hatten. Die Klasse hat mit der Sozialpädagogin beraten, wie man es machen könnte, Rollenspiele vorbereitet und die »Gummel-Versammlung« moderiert. Die ganze Schule – 285 Kinder – war versammelt. Viele haben sich zu Wort gemeldet und sind nach vorne gekommen. Viele haben sich für das Abschaffen des Spiels eingesetzt. Der Vorschlag, ein großes Plakat im Flur aufzuhängen, wo alle unterschreiben sollten, die gegen das Spiel sind, wurde mit großer Mehrheit angenommen. Ergebnis: Die Kinder haben beschlossen, das Spiel zu streichen. Das kleine Wunder: Es hat geklappt. Das ist Demokratielernen!

Außerordentliche Versammlungen sind an wichtigen *Gedenktagen* wie der Reichspogromnacht und dem Holocaustgedenktag zum festen Bestandteil unserer Schul-Haus-Kultur geworden. Außerordentliche Versammlungen gibt es auch, wenn besondere Ereignisse die Welt erschüttern: am 11. September 2001 zum Beispiel. Wer da einfach mit dem normalen Unterricht fortfährt, erzieht zur Ignoranz. Zwei Tage haben wir nach der außerordentlichen Versammlung das Forum für das Thema geöffnet. Als 2002 die Ereignisse vom Amoklauf in Erfurt Deutschland erschütterten, sprach bei der Versammlung am Montagmorgen danach neben einem Pfarrer der evangelischen Kirchengemeinde auch ein Hoca. Es war das erste Mal, dass ein Repräsentant des Islam in der Schule war. Und als der Hoca in türkischer Sprache aufforderte: »Wir beten zusammen, alle Hand in Hand«, fassten sich alle Menschen in der Aula an den Händen. Das war eine sehr bewegende Erfahrung. Für unsere islamischen Schülerinnen und Schüler war es von großer Bedeutung, dass ein Vertreter ihrer Religion anwesend war, dass ihre Kultur gleichberechtigt präsent war. Nach der Versammlung war ich umringt von Kindern, besonders türkischen Jungen. Sie konnten es gar nicht fassen, dass ihr Hoca da war, präsent auf der Bühne, zu allen sprechend. Sie bedankten sich immer wieder. Obwohl wir ja den Reichtum der Kulturen und Religionen zentral in der Schulkultur verankert hatten, war es für sie etwas Außerordentliches, ihren Hoca mittendrin in der Schule zu haben – eine sie berührende Form der öffentlichen Wertschätzung. So wichtig die Intimität einer Klasse gerade in solch beängstigenden Augenblicken sein kann – das Erlebnis spontaner Empfindungs-Gemeinsamkeit in der Schul-Community ist ein Gegengewicht zum nahezu Unfassbaren. Das habe ich auch noch sehr präsent in Erinnerung von der außerordentlichen Versammlung an der esbz in Berlin nach den Terroranschlägen in Paris. Alle sechshundert Schüler:innen standen eng beisammen in der Aula. Das eindrückliche Erlebnis in Essen noch in Erinnerung, hatte ich Pfarrer Gregor Hohberg, Rabbiner Tovia Ben Chorin und Imam Kadir Sanci eingeladen. Die drei kamen in ihren religiösen Gewändern und standen nebeneinander auf der Bühne. Schon allein das Bild war bewegend. Nach einer kurzen Rede eines Schülers ertönten Gebete und Gesänge für den Frieden und kleine Wortbeiträge in je ihrer Tradition. Sie riefen gemeinsam auf, dem Frieden nachzuspüren – eine multireligiöse Friedensandacht. Zum Abschluss haben wir alle Strophen von *We shall overcome* gesungen. Fast alle haben sich an den Händen gehalten. Eine große Verbundenheit erfüllte den Raum. Und auch Zuversicht. Ein magischer Moment. Ein paar Tage später berichtete eine Schülerin, die mich als Referentin bei einem Kongress begleitete, auf der Bühne davon und erzählte, dass sie nach den Anschlägen große Ängste hatte. Nach der Versammlung sei es ihr wesentlich besser gegangen. Das gemeinsame Erleben habe ihr Zuversicht gegeben und sie innerlich gestärkt.

Menschen mit Botschaften als Vorbilder

Begegnung und Austausch können natürlich auch außerhalb der Schule stattfinden, zum Beispiel wenn Kinder und Jugendliche als Partner und Experten beteiligt sind an Pressekonferenzen, Podiumsdiskussionen, Tagungen, Lehrerfortbildungen, Seminaren für Lehramtsstudierende. Die Erfahrungen sind immer ähnlich: Die Kinder und Jugendlichen beleben die Diskussion, sie reagieren offener und spontaner als Erwachsene, sind oft mutiger, stellen ungewöhnliche Fragen, fordern Stellungnahmen. Die Erwachsenen erleben dies als berührend, erfrischend, bereichernd. »Das sollte man öfter machen, die Jugendlichen beteiligen«, ist danach zu hören. Und doch ist die Umsetzung schwer. Die Partizipationskultur ist bei uns noch nicht in den Alltag eingezogen. 2024, also 32 Jahre nach Rio, ist Partizipation in vielen deutschen Schulen immer noch unterentwickelt. Das zeigen viele Studien. Auch die aktuelle SINUS-Jugendstudie 2024 deckt auf, dass viele Jugendliche

Schule nicht als Ort sehen, wo sie Mitbestimmung lernen und wirklich gehört werden. Die Jugendlichen wollen aber mitgestalten und gehört werden. Barriere Nr. 1, an der Mitsprache und Mitgestaltung der jungen Generation oft scheitern, seien »die Erwachsenen«, von denen sich viele Jugendliche nicht ernst genommen und respektiert fühlen.

Wenn Menschen mit Botschaften auf den Versammlungen sprechen und mit den jungen Menschen diskutieren, sind das für die Schülerinnen und Schüler, aber auch für die Lehrerinnen und Lehrer prägende Erfahrungen. Manchmal haben sich daraus weitere Kontakte entwickelt. Ich könnte viele beeindruckende Persönlichkeiten aus Politik, Religion und Gesellschaft aufzählen, die die Schüler inspiriert haben. In besonderer Erinnerung habe ich Denis Goldberg, enger Wegbegleiter Nelson Mandelas, Frances Moore Lappé, Gründungsmitglied des Weltzukunftsrates und Trägerin des Alternativen Nobelpreises, und Sally Perel, der mit seinen über 80 Jahren alle in der vollen Aula faszinierte. Weil er seine jüdische Herkunft verschleierte, überlebte er den Holocaust. Seinen Lebensbericht *Ich war Hitlerjunge Salomon* veröffentlichte er 45 Jahre nach Kriegsende.

Den Reichtum der Kulturen feiern

Unsere Gesellschaft ist divers geworden. Wir haben eine multikulturelle Gesellschaft. Welch ein Schatz. In Schulen wird Diversity oft als Last angesehen. Die Perspektive zu wechseln und zu schauen, wie großartig und wunderbar diese Verschiedenheit vieler kultureller Hintergründe sein kann, eröffnet neue Welten. Vielfalt ist besser als Einfalt. »Zusammenleben lernen« heißt eine der vier Säulen der UNESCO für die Schule im 21. Jahrhundert. So haben wir viele Gelegenheiten geschaffen, bei denen die Kinder Wertschätzung für ihre kulturellen Traditionen erfahren.

Die Vielfalt der Kulturen ist zunächst durch die Kinder selbst präsent. Bei uns ist die Welt zu Hause. Kinder aus 33 Herkunftskulturen lernen und leben zusammen: Von Angola bis Sri Lanka reicht unser Schüler-Schatz. Im Flur hängt ein 97 Meter langer Wandfries mit allen Gesichtern der Kinder des Jahrgangs 2000. Damit wollen wir beispielhaft jedem einzelnen Kind und allen nachfolgenden Jahrgängen sagen: Du zählst hier; du bist wichtig; auf dich können wir nicht verzichten; deine Fähigkeiten brauchen wir, und auf sie vertrauen wir; deine Möglichkeiten fördern wir; du kannst dich hier offen zeigen, so, wie du bist, und so, wie du werden möchtest: Du bist einzigartig – und alle anderen auch.

Wir achten darauf, dass Gremien und Arbeitsgruppen interkulturell und divers besetzt sind. Den Reichtum an Welterfahrung und Weltverständnis nutzten wir von Beginn an auch in den Versammlungen, indem Kinder aus ihren Herkunftskulturen berichten: über das Leben von Kindern dort; über Kriegs- und Fluchterfahrungen ihrer Eltern oder Verwandten; indem sie einheimische Tänze aufführen. Die Kinder fühlen sich gestärkt durch die hohe Zuhörbereitschaft der anderen und durch den Beifall, den es kräftig und aus vollem Herzen gibt. Die Vielfalt der Kulturen ist auch dadurch präsent, dass Repräsentanten der verschiedenen Kulturen und Religionen als Menschen mit Botschaften auftreten. Die persönliche Begegnung, das biografische Erzählen, das Zuhören zwischen den Kulturen wird auch möglich durch die Zusammenarbeit mit Vereinen und Institutionen in den Bereichen Weltmusik, Theater, Ausstellungen sowie Lesungen. Reale Begegnungen sind für das Verstehen und die Verständigung, für das Be-Greifen durch nichts zu ersetzen. Das Be-Greifen ist die zivilisatorische Alternative zum An-Greifen.

Zugehörigkeit und Gemeinschaft sind Grundbedürfnisse. Kinder müssen spüren, hier bin ich willkommen. Kinder wollen gesehen werden, Kinder wollen wertgeschätzt werden, Kinder sind neugierig und offen. Im Eingang der Schule hängt ein schönes Plakat mit Willkommen in allen Sprachen. Die heiligen Bücher der Weltreligionen sind deutlich sichtbar und mit Symbolen dazu im Einklang platziert – als Zeichen der Weltoffenheit und des Achtens der Religionen. Die Stiftung Weltethos hat wunderbares Material, unter anderem eine Ausstellung zu den Weltreligionen und Arbeitshefte. Die kulturelle Vielfalt haben wir auch im Unterricht genutzt, beispielsweise beim Thema Märchen. Für die 5d war klar: Märchen gibt es in aller Welt. Wer kann uns die erzählen? Herr Matsewa aus dem Kongo in seinem Kunstgewerbeladen, Frau Mirati aus dem iranischen Buchladen, die Oma von Mohammed, die Mutter von Napirai. Es war sehr spannend, und die Kinder teilten ihre Erfahrungen auf der Versammlung. In München gibt es die weltweit größte internationale Kinder- und Jugendbibliothek der Welt. Dort bestellten wir uns einen Koffer mit Büchern aus aller Welt. Die Augen der Kinder leuchteten, als sie plötzlich Bücher in ihrer Heimatsprache fanden. Vieles hat sich daraus ergeben, beispielsweise eine Vorlesereihe in der Stadtbibliothek, zu der Kinder Klassen aus anderen Schulen einluden. Es war sehr berührend, als Mohamed aus dem Kongo, 9. Klasse und groß gewachsen, am Mikro stand und um ihn herum zu seinen Füßen Fünftklässler saßen und lauschten. Vermutlich haben solche Erlebnisse die Kinder auch inspiriert zum Projekt Lauschohr, Vorlesen in Schulen im sozialen Brennpunkt, und Lara zur 1/5-Theorie (Seite 176).

Civil-Courage: ausgezeichnet!

Demokratie ist eine Erfindung der Menschen. Demokratie ist kein Naturgesetz. Deshalb müssen Menschen Demokratie lernen – nicht nur aus Lehrbüchern, sondern vor allem in und an einer demokratischen Lebenswirklichkeit. Junge Menschen müssen im täglichen Leben die Einstellungen erfahren, aus denen die Demokratie lebt, aus denen sich die Demokratie immer wieder erneuert. Dazu gehört hinschauen, sich einmischen, öffentlich gegen Unrecht eintreten und Civil-Courage. Wir schreiben Civil-Courage mit C. Zivil ist der Gegenbegriff zu militärisch – und damit mit dem Militärischen verbunden. Civil kommt vom civitas – die Bürgerschaft. Civil-Courage ist der Bürger-Mut und nicht nur anti-militärisch. Civil-Courage ist eine grundlegend wichtige und zugleich hochgefährdete Bürgerinnen- und Bürgertugend. Diese in der Schule zu stützen und zu stärken, junge Menschen herauszufordern, Civil-Courage zu leben und ihr Engagement dann auch auszuzeichnen, ist darum genauso wichtig wie schreiben, lesen oder rechnen zu lernen. Dabei geht es nicht um riesige Heldentaten. Es geht um den großen kleinen Mut im oft unbemerkten oder einfach hingenommenen grausamen Alltag.

Ein Anschlag auf jüdische Mitbürger:innen im Jahr 2000 in Düsseldorf und die Thematisierung dessen auf der Schulversammlung führte zu einer größeren Veranstaltung zum Thema Civil-Courage mit Landtagsabgeordneten, dem Polizeipräsidenten, der Landgerichtspräsidentin und dem Jugendamtsleiter. Nach intensiven Diskussionen stand die Idee einer jährlichen Auszeichnung für Civil-Courage im Raum. Noch im selben Jahr wurde folgender Antrag an die Schulkonferenz einstimmig verabschiedet: »Die AGENDA-Schule

Essen-Holsterhausen vergibt in jedem Jahr eine Auszeichnung für Civil-Courage. Achtsam sein, dass der kleine große Mut im Alltag wach bleibt und dass der aufrechte Gang Stützung und Stärkung erfährt, sind uns dabei zentrale Gedanken. Die Auszeichnung für Civil-Courage wird ein bedeutsames Markenzeichen unserer Schule. Als Gesamtschule Holsterhausen, gegründet 1997, im Europäischen Jahr gegen Rassismus, verpflichten wir uns dabei besonders auch dazu, jeglicher Diskriminierung im Alltag nachzuspüren und ihr deutlich entgegenzutreten. Wir vergeben die jährliche Auszeichnung für Civil-Courage aus der Erfahrung heraus, dass demokratisches Bewusstsein in und an der demokratischen Lebenswirklichkeit gelernt und demokratische Einstellungen vorgelebt und honoriert werden müssen. Das, wofür es mit Überzeugung gelebte Traditionen gibt, regelmäßig wiederkehrende Anlässe und Orte, prägt sich Kindern und Jugendlichen als bedeutsam ein. Erstmalig soll die Auszeichnung am Ende des Schuljahres 2000/2001 vergeben werden. Es wird eine Jury gewählt, die sich zusammensetzt aus Mitgliedern der Schulgemeinde und Menschen aus dem Gemeinwesen: zwei Schüler:innen, zwei Lehrer:innen, zwei Vertreter:innen der Eltern, die Schulleiterin, zwei Menschen aus dem öffentlichen Leben. In der Jury sollen unterschiedliche Herkunftskulturen vertreten sein. Civil-Courage wird im kommenden und den darauffolgenden Schuljahren ein wichtiges Thema im Unterricht und im Schulleben sein.«

Civil-Courage wurde ***Jahresthema***. Im Fachunterricht entstanden beispielsweise die Mut-Pyramide, eine pyramidenförmige Sitzgelegenheit in der Aula zum Muttanken, ein Gottesdienst zum Thema, ein großartiges Projekt zu jüdischem Leben vor 1933, tolle Exponate in Kunst, Rollenspiele und Theaterstücke gegen Mobbing in Deutsch, und eine Schülergruppe dichtete eine Civil-Courage-Strophe zu unserem Schulsong: »Gewalt und Erpressung, das ist cool, und cool sein ist der Hit. Witze machen über Schwache, da machen wir nicht mit. Angst machen und beleidigen, da schreiten wir klar ein. Wir sagen offen unsere Meinung, treten für sie ein. Sei achtsam mit anderen, öffne dein Herz, hör zu, um zu verstehn. Ausgrenzung, die woll'n wir nicht, es kann auch anders geh'n. Wir brechen mutig unser Schweigen, sagen deutlich NEIN, den kleinen großen Mut im Alltag wagen, steh auf und misch dich ein! Hört, alle Menschen hört, wir wollen Unrecht nicht ertragen. Mutig unsere Meinung sagen, Civil-Courage wagen, fang heute damit an.«

All das war uns auch deshalb wichtig, weil es an der Schule immer mal wieder zu Mobbing und Gewaltsituationen kam, und auch, weil es im Stadtteil eine rechtsextremistische Szene gab, die sich um die Schule herumtrieb. Im Jugendheim nebenan war Hitlers Geburtstag gefeiert worden. Wir luden Experten ein, die mit interessierten Jugendlichen Workshops machten, zum Argumentieren gegen rechts. Mit allen Schüler:innen besprachen wir intensiv: Wann kannst du selbst eingreifen und wann lässt du es und holst Hilfe? Eine Klasse nahm Kontakt auf zur Amadeu Antonio Stiftung, die eine Chronik rechtsextremistisch begründeter Übergriffe führt, und machte dazu auf der Versammlung eine Performance, die Kinder und Erwachsene gleichermaßen aufrüttelte und berührte. Klar gab es weiterhin gewalttätige Situationen an der Schule, aber eines ist auch ganz klar: Wir schauen nicht weg, wir mischen uns ein. Durch die Medienberichte, unsere Ausstellung und das Mobbing-Theaterstück kam es zu interessantem Austausch mit Klassen von anderen Schulen. Die WAZ berichtete vom Mobbing-Theaterstück ganzseitig in der Wochenendausgabe unter der Überschrift *Anlachen statt Auslachen*, was zu einem von drei Mottos der Schule wurde.

Civil-Courage-Auszeichnungen werden vor allem von den Schüler:innen selbst vorgeschlagen. In eine Box können die Schüler Vorschläge werfen, was sie reichlich nutzen. Jedes Jahr landen ungefähr sechzig Vorschläge in der Box.

»Ich schlage vor, dass Marie ausgezeichnet wird. Sie hat mich oft unterstützt und verteidigt, wenn ich wegen meines Körpergewichtes beleidigt oder geärgert wurde.« (Sandra)

»Jennifer und Sandra, ihr habt in der U-Bahn eingegriffen, als ein türkisches Kind von einem rechtsradikalen Jugendlichen bedroht wurde. Als der Jugendliche den weinenden Jungen am Kragen hochhob und gegen die Wand drückte, seid ihr aufgestanden und hingegangen. Ihr seid trotz Angst mutig und öffentlich eingeschritten mit den Worten »Lass ihn los! Er hat dir nichts getan! Hau ab! Sonst holen wir jemanden, der uns hilft«. (Anna)

»Wir schlagen Simon zur Auszeichnung vor. Als Sunny auf dem Schulhof eine Gusseisenplatte, die fast herunterfiel, auf die Palette schieben wollte, kam ein Bauarbeiter und sagte: ›Ey, du Schwarzer, lass das sein, sonst trete ich dir in den Arsch. Um das heben zu können, musst du mehr Koteletts essen.‹ Er setzte sich dann in den Lkw und trank Kaffee. Simon ging zum Lkw und sagte: ›Wieso beleidigst du meinen Freund als Schwarzer? Er ist ein Junge wie wir alle.‹

Der Bauarbeiter und noch ein anderer Arbeiter lachten ihn aus und beschimpften auch ihn. Simon erwiderte: ›Ich lass meinen Freund aus Afghanistan und mich nicht beleidigen. Ich kann Sie dafür anzeigen.‹ Wir finden es gut, dass Simon für Sunny eingetreten ist. Er soll ausgezeichnet werden.« (Michael, Mats, Andreas, Lars)

»Chiara, Du hast Dich für ein Mädchen aus Deiner Klasse eingesetzt, als es gemobbt, geärgert und bedroht wurde. Als alle sich abgewandt haben, hast Du als Einzige zu ihr gehalten und das auch öffentlich gezeigt. Damit hast Du den Gruppendruck durchbrochen, sodass andere sich auch getraut haben, auszusteigen.« (Annika)

Das Schulprogramm in der Hosentasche

Die Mutkarte als Zeichen für besonderen Mut gab es ja schon an der Schule. Nach der ersten Auszeichnungsfeier für Civil-Courage kamen Schüler:innen und meinten: »Die Mutkarte sollten alle bei der Einschulungsfeier bekommen, damit alle Neuen wissen: Hier darfst du mutig sein, hier ist dein Mut gefragt.« Welch tolle Idee!

Seit dem Mobbing-Theaterstück war *Anlachen statt Auslachen* bereits ein geflügeltes Wort an der Schule geworden. Und sich tatkräftig einmischen war auch gelebte Schulkultur. So entstanden die drei Schulmottos*: Anlachen statt Auslachen, Mit dem Herzen sehen mutig sein* und *Taten statt warten.*
Bei der Einschulungsfeier überreichten die Älteren den neuen Kindern eine Sonnenblume für Anlachen, eine Mutkarte und ein TuWasKärtchen. Sie erklärten den Jüngeren, was es damit auf sich hat. Was für ein schönes Geschenk. Du gehst nach Hause und hast das Schulprogramm in deinem Rucksack. Die Mottos hingen groß im Flur und als kleines Plakat einlaminiert in allen Klassen. Sie gaben immer mal wieder Anlass zu Gesprächen, und manchmal, zum Beispiel wenn jemand auslachte, reichte es, darauf zu zeigen, ohne große Diskussion. Die Mottos wanderten bei meinem Wechsel nach Berlin mit an die esbz, wurden für gut befunden und die TuWasKarte

wurde später ersetzt durch ein kleines Tütchen mit Salz darin, worauf der Bibelvers stand: *Ihr seid das Salz der Erde.*

Verantwortung als Schulfach

»So wie der Mensch nicht vom Brot allein lebt, so lebt eben auch die liberale Demokratie nicht von Verfassung und Gesetzen allein. Sie braucht aktive Bürgerinnen und Bürger, die Verantwortung für sich selbst, für andere und möglichst auch für das Gemeinwesen übernehmen. … Freiwilligendienste fördern Respekt und Toleranz, Verständnis und Verständigung; sie sind Quellen des Bürgersinns, Quellen von engagierter Mitmenschlichkeit, die wir in diesen nicht ganz einfachen Zeiten umso dringender brauchen.«
Bundespräsident Frank Walter Steinmeier[30]

Ein funktionierendes Gemeinwesen ist darauf angewiesen, dass Bürger Verantwortung übernehmen. Gemeinsinn und Verantwortung sind die Grundlagen einer demokratischen Gesellschaft. Eine Gesellschaft, die dieser Herausforderung nicht gerecht wird, zerstört ihre eigene Basis. Verantwortung lernt man aber nicht aus Büchern oder durch moralische Appelle, sondern indem man Verantwortung übernimmt. Nur wer selbst Anerkennung für verantwortungsvolles Handeln erfahren hat, wer sich als Person gebraucht und wertgeschätzt fühlt, wird auch anderen Menschen für ihr Engagement Respekt und Anerkennung entgegenbringen. Gemeinsinn stiftende Erfahrungen geschehen konkret vor Ort in der Auseinandersetzung mit Menschen, Anliegen, Situationen. Hier besteht in unseren Schulen Handlungsbedarf. Das unausgeschöpfte Engagementpotenzial lässt sich, wie zahlreiche Studien zeigen, auf fehlende Gelegenheitsstrukturen zurückführen. Die formalisierten Bildungssysteme sind noch unzureichend mit den Kommunen und ihren politischen, ökonomischen und sozialen Akteuren vernetzt.

Weil es so wichtig ist, Verantwortung zu übernehmen, haben wir 1999 in Essen das *Projekt Verantwortung* als Lernformat entwickelt: In den Klassen 7 und 8 engagieren sich alle Schüler:innen in einer verantwortlichen Aufgabe im Gemeinwesen, sozial oder ökologisch. Das Projekt wird im ersten Halbjahr der Klasse 7 vorbereitet und hat danach ein Jahr Praxis. Die Kinder setzen sich auseinander mit Fragen wie: Was ist Verantwortung? Habe ich schon einmal Verantwortung übernommen? Wie fühlte sich das an? Wo kann ich meine Stärken einbringen, was will ich noch lernen?

Als Stadtteildetektive erkunden die Kinder ihren Stadtteil. Sie lernen, wie sie ein zielführendes Telefonat führen, ein Bewerbungsschreiben schreiben, ein Interview führen. Sie überlegen, wie sie ihre Erfahrungen dokumentieren wollen und wie ihr Verantwortungstagebuch aussehen soll.

Im Deutschunterricht haben sich alle allein oder als Gruppe einen Menschen gesucht, von dem sie glaubten, dass er oder sie Verantwortung übernimmt. Diese Menschen haben sie interviewt und dann ein Porträt erstellt. Katja, Anna und Ezgi haben den Polizeipräsidenten, Ahmad und Tarek den Elektriker aus der Nachbarschaft ausgewählt, denn wenn der einen Fehler macht, kann es böse ausgehen. Lars und Alex haben Dr. Pomp, einen Umweltaktivisten, gefragt. Emel suchte den Oberbürgermeister aus, Micha seine Mutter, die nicht nur Verantwortung für die eigene Familie übernimmt, sondern sich auch noch um eine zuckerkranke ältere Dame oben im Haus kümmert und täglich dort vorbeigeht. Micha hat ein so berührendes Porträt geschrieben, dass ich mich heute noch daran erinnere. Das Projekt »Ein Mensch in Verantwortung« endete mit einem besonderen Zusammenkommen. Alle 71 Menschen in Verantwortung haben die Schüler eingeladen zu einem Nachmittag. Sie saßen an Tischen im großen Forum. Nach einer musikalischen Einstimmung von Linus am Klavier sprachen zehn Kinder Zitate zu Verantwortung, die auch auf den Tischen lagen und die die Eingeladenen schön gestaltet mit nach Hause nehmen konnten. Ich führte mit Schulsprecherin Lara in den Nachmittag ein, und dann baten die Kinder und Kindergruppen »ihren« Menschen nach vorne. Ganz verschiedene Menschen standen dort oben nebeneinander. Auf Augenhöhe! Kinder und Erwachsene konnten voneinander lernen, auch bei den interessanten Tischgesprächen bei Kaffee und Kuchen.

Ihre ***Verantwortungsaufgabe*** suchen sich die Jugendlichen aus den siebten Klassen selbst. Sie sind vielfältig aktiv in Sportvereinen, Kitas und Grundschulen, unterstützen geflüchtete Kinder, erfreuen krebskranke Kinder in Kliniken durch Lesen und Spielen. Sie übernehmen Patenschaften für Spielplätze oder Grünflächen, initiieren Umweltschutzprojekte, bilden Kinder zu Klimabotschaftern aus. Andere helfen in Seniorenheimen, werden Freunde für Senioren, die zu Hause alleine sind und sich über Unterstützung und Abwechslung freuen, oder sie helfen Senioren bei Technik – Handy oder Computer.

»Für die alten Leute würde was fehlen, wenn ich nicht komme. Die warten auf mich. Die sagen, morgen, da kommt wieder der Junge. Und für die Betreuer bin ich eine große Hilfe.« (Lars)

»Wir haben ein Kochbuch gestaltet. Die alten Leute hatten ihre Rezepte von früher auf vergilbten Zetteln. Wir haben ihnen Word auf dem Computer beigebracht. Sie haben geschrieben, wir haben bebildert, und dann kam ein tolles Kochbuch raus. Und ein Rezept haben wir gemeinsam gekocht.«
(Luma und Alma, Seniorenheim)

»Ich habe gelernt, öffentlich zu sprechen. Ich möchte das Projekt ›stillen Kindern‹ empfehlen, denn ich bin jetzt auch in der Schule mutiger geworden und melde mich viel öfter.«
(Sandra, Museumsprojekt Kids führen Kids)

»Ich möchte gerne den Kindern Mut geben, es zu schaffen, dass sie an sich selbst glauben und nicht an sich selbst zweifeln. Das möchte ich noch hinbekommen.«
(Omar, Hausaufgabenhilfe im Flüchtlingsheim)

»Wir haben Physik- und Chemieversuche im Hort gemacht. Ganz einfache, aber die Kinder staunten und freuten sich und wollten es immer wieder sehen.« (Tim und Anton)

»Ich kann Albanisch und Deutsch. Ich helfe bei Pro Asyl. Da ist es eine große Hilfe, dass ich Albanisch kann. So kann ich in Gesprächen übersetzen.« (Kimete, geduldete Flüchtlingsjugendliche)

Während des Schuljahres wird der »Unterricht im Leben« in der Klasse regelmäßig reflektiert, und die Jugendlichen dokumentieren ihre Erfahrungen.

Am Ende jeden Jahres feiern wir ein ***Verantwortungsfest***. Alle präsentieren ihre Verantwortungsprojekte. Eltern kommen, Kinder präsentieren und erzählen stolz von ihren Projekten. Für die Kinder, die im nächsten Schuljahr in Verantwortung einsteigen, ist das Verantwortungsfest eine Inspirations- und Mutquelle. Das Bühnenprogramm beginnt. Anna und Tim begrüßen den Oberbürgermeister, der heute Ehrengast ist.

Hermann, begeisterter Klavierspieler, leitet seinen Vortrag mit einem selbst geschriebenen Klavierstück ein und erzählt danach seine Geschichte. »Ich besuche jede Woche Frau Hensel im Seniorenheim. Sie sitzt im Rollstuhl, weil sie einen Schlaganfall hatte und nicht richtig laufen kann, auch sprechen kann sie kaum. Deshalb habe ich einen Rollstuhlführerschein gemacht, damit ich sie herumfahren darf. Ich bringe die Dame jedes Mal in die Kapelle, in der ein Klavier steht, und schiebe den Rollstuhl so vor das Klavier, dass Frau Hensel die Tasten sehen kann. Ich spiele ihr immer vor, dann freut sie sich.« Die ältere Dame freut sich jedes Mal aufs Neue über den Besuch, den strahlenden Hermann und die schönen Klänge. Nach dem ersten Mal in der Kapelle hat Hermann gespürt, dass hier etwas Gutes und Besonderes geschieht. Er ist Autist, hat das Aspergersyndrom und ist ein hochsensibles Kind. Er war sich sicher, dass das Klavierspielen für die ältere Dame Bedeutung hat. In den gemeinsamen Treffen schiebt er sie deshalb immer wieder an das Klavier, legt manchmal ihre Hände ganz bedächtig auf die Tasten und drückt sie sanft gemeinsam mit ihr. Die Pflegerin berichtet, seitdem Hermann da sei, habe sie das Gefühl, dass Frau Hensel sich wieder freuen kann. Sie trete wieder mehr mit ihr in Kontakt und wirke viel lebhafter. Und Hermann erzählt tief bewegt auf der Bühne: »Und vor zwei Wochen habe ich erfahren, dass Frau Hensel früher Pianistin war.« Ein magischer Moment.

Sophia, 13 Jahre alt, macht ihr Verantwortungsprojekt in einer Grundschule am anderen Ende der Stadt. Sie erzählt: »Wenn ich komme, werde ich meistens von der Klassenlehrerin begrüßt, und sofort kommen dann Schüler angerannt und hängen sich an mich und freuen sich und rufen ›Sophia, hallo, kannst du heute mit mir arbeiten? Bitte!‹« Sophia arbeitet seit einigen Monaten mit Nguyen, einer Schülerin, die bis zur zweiten Klasse kein Wort zu Blatt gebracht hat. »Wir spielen miteinander, und ich lese Nguyen Geschichten vor. Es war schön, zu erleben, dass sich Nguyen immer mehr zugetraut hat. Sie hat dann mal ein Wort geschrieben und später Sätze, und dann ging es immer weiter. Und dann geschah das Unglaubliche: Nguyen hat eine kleine Geschichte geschrieben.« Sophia beendet ihren Vortrag mit dem Satz: »Die Zeit mit Nguyen hat mich verändert. Es hat mir Sinn gegeben. Ich habe gemerkt, dass ich nicht das kleine Kind bin, das in der Ecke steht und nichts kann. Ich habe gemerkt, dass ich gebraucht werde. Leute schätzen das wert, was ich mache. Am meisten berührt mich, wie sehr die Kinder mir vertrauen. So etwas habe ich noch nie erlebt.«

Zum Schluss bekommen alle ein Zertifikat, mit dem bescheinigt wird, wofür und in welcher Intensität sie Verantwortung übernommen und welche Kompetenzen sie erworben haben.

Mit dem Projekt Verantwortung wird zivilgesellschaftliches Engagement ein zentrales Element in der Lernbiografie aller. Wo Kinder und Jugendliche verantwortlich mitwirken und erleben: Ich bin wichtig, ich kann etwas bewirken, auf mich kommt es an, entstehen Berührung, Sinn, Freude am Tun, Gemeinsinn. Das ist nicht nur Herzensbildung. Sein Gemeinwesen mitgestalten zu können, ist eine frühe prägende Selbstwirksamkeitserfahrung und eine nachhaltige demokratische Grunderfahrung.

Demokratien leben von der sozialen Kreativität der Menschen und von ihrer Bereitschaft, sich für das Gemeinwohl zu engagieren. Die Jugendlichen erleben neben der Lust an Eigenverantwortlichkeit vor allem die Anerkennung und das in sie gesetzte Vertrauen durchgängig als Erfahrung, die sie freut und aufbaut. Lernen im Projekt Verantwortung heißt, sich einzusetzen, sich auszusetzen und sich auseinanderzusetzen in der persönlichen Begegnung mit Menschen, in der Begegnung mit sich selbst, dem Sich-Einlassen auf das Fremde, das Lebendige, die unbekannte vielartige Welt. All dies sind wichtige Haltungen für die zentralen ökologischen und multikulturellen gesellschaftlichen Fragen. Es gibt inzwischen Hunderte Schulen, die, angeregt und ermutigt durch unsere Lehrerfortbildungen und Vorträge, das Projekt Verantwortung eingeführt haben.

Schüler:innen als Lesepaten

Kinder, die spüren, dass ihnen Verantwortung zugetraut wird, genießen das Gefühl, verantwortlich zu sein, und sie sind sensibel gegenüber Problemen, denn sie wissen: »Ich kann was tun!« Dies ist die Gegenerfahrung zu Ohnmacht und Ausgeliefertsein.

Zwei Projekte, die Schüler in Eigeninitiative gegründet und aufgebaut haben, zeigen dies gut. Es sind die Projekte »Lauschohr« und »Sprachbotschafter«.

Ich erzähle den Kindern in Holsterhausen von den Ergebnissen der PISA-Studie 2000, insbesondere dem Schock über die mittelmäßige Lesekompetenz. Lesen ist an der AGENDA-Schule wichtig. Eine wöchentliche Lesestunde ist fest im Plan verankert. Vier Wochen später kommen acht Mädchen und sagen: »Frau Rasfeld, wir haben *Lauschohr* gegründet, wir wollen vorlesen gehen in Grundschulen. Einen Flyer haben wir auch schon.« Auf den Flyer hatten die Mädels folgenden Text gedruckt: »Was ist Lauschohr? Lauschohr ist ein Projekt kreativer Schülerinnen der Gesamtschule Holsterhausen, die sich mit dem Ergebnis der Pisastudie befasst haben und nicht untätig herumsitzen wollen. Denn das Ergebnis der Pisastudie zur Lesekompetenz ist erschreckend. Vorlesen und Lesen fördern die kreative Entwicklung, Fantasien und Ideen. Wir dachten, Kinder ohne Fantasien und Ideen sind keine richtigen Kinder mehr. Deshalb haben wir mit acht Mädchen die Aktion Lauschohr gegründet.« So zogen die Mädels los, um in Schulen im sozialen Brennpunkt vorzulesen. Mit dabei war Pinguin Lauschohr, der mit seinem großen Lausch-Ohr so lustig aussah, dass er nicht nur die Kinder, sondern sogar unsere coolen Jungs bezauberte. So begann eine großartige Initiative, für die Jugendliche und Eltern noch viele Pinguine nach Lauschohrs Vorbild nähten. Die Mädels gingen in ihrer Lesestunde am Freitag in die benachbarte Grundschule in die erste Klasse. Die Grundschulkinder konnten freiwillig zum Vorlesen kommen, wenn sie mochten. Viele Kinder kamen, hockten in den Kuschelecken, Lauschohr im Arm. Am Ende standen sie Schlange, um sich auf ihrem Lesepass ein Lauschohr-Stempelchen zu holen. Einige Wochen später standen die Mädels in meinem Büro. »Die ersten Kinder bekommen heute ihren zehnten Stempel. Wir möchten ihnen gerne was Kleines schenken. Und wir hatten die Idee zu einer Lesenacht. Können wir die bei uns in der Schule machen?« Tolle Idee, fand ich. Gedacht, getan! Die Mädchen kreierten einen schönen Gutschein mit Lauschohr drauf, die Kinder freuten sich. Im November war es dann so weit. Zweiundzwanzig Kinder standen an einem Donnerstagnachmittag mit ihren Müttern, Kopfkissen und Decke unterm Arm, aufgeregt und gespannt in der Mensa. Begleitet wurde die Aktion von unserer Sozialpädagogin und einer Mutter. Nachdem die Kinder durch die Gegend gerannt und die Umgebung inspiziert hatten, standen sie plötzlich in der

Mensa und forderten aus vollem Halse ein: Lesen! Lesen! Wir hatten in der Schule ein Leselied, dessen Refrain so geht: »Lesen macht Spaß! Lesen ist 'ne tolle Sache. In unsrer Fantasie warten Abenteuer. Lesen macht Spaß! Vorlesen ist Superklasse. In unsrer Fantasie sind wir mit dabei.« Die Kleinen wollten es unbedingt lernen. So brachten nach Vorleserunde und Abendessen die Vorlesekids den Grundschulkindern das Lied bei und trommelten dazu. Die Kleinen lernten schnell und freuten sich sehr! Das alles sprach sich rum in der Schule, und im nächsten Durchgang *Verantwortung* hatten wir 47 Vorlesekids, 28 Mädchen und 19 Jungen. Vorlesen mit Lauschohr wurde der Hit. Zwei Jahre später gab es Lauschohr-Treffs im Stadtteil: drei Grundschulen, zwei Kitas, bei den Spielplatzpaten auf dem Spielplatz, in unserem Nachbarschaftscafé und manchmal spontan an ganz besonderen Orten.

»Mir bedeutet das ganz viel. Die Kinder mögen mich, sie mögen, dass wir kommen. Sie warten auf uns. Wir sind ihnen wichtig. Sie fragen: Könnt ihr nicht öfter kommen?« (Nirosha)

»Die Lesenacht war das Schönste, was ich anderen Kindern geschenkt habe. Die Kinder haben sich in meinen Arm gekuschelt und gestrahlt.« (Vanessa)

»Marcel mit Lese-Rechtschreib-Schwäche hat sich getraut, im Kindergarten vorzulesen. Die Kinder waren total begeistert, und danach hat er sich getraut, auch hier in der Schule vorzulesen.« (Franziska)

Schüler:innen als Lernbegleiter:innen

Beispiel zwei: Berlin im Jahr 2010. In der Zeitung lese ich die Schlagzeile »15 Prozent Bildungsverlierer«. Ich spreche mit den Jugendlichen der esbz darüber. Sie empören sich. »Das kann doch wohl nicht wahr sein!« »Die können vielleicht gar nichts dafür.« »Wahrscheinlich sprechen die zu Hause noch nicht Deutsch.« Es entspannt sich eine Diskussion, die in einem genialen Plan der Schüler mündet: Wir müssen was tun! Wir gehen in Grundschulen in sozialen Brennpunkten und helfen den Kindern in den ersten Klassen. Ein halbes Jahr später ist es so weit. Wir hatten vier Grundschulen in Neukölln, Wedding und Kreuzberg gefunden und auch eine Projektleiterin, die unsere Schüler vorbereitete und das Projekt *Sprachbotschafter* koordinierte.

Leo, Manuel und Niels wählen *Sprachbotschafter* als *Projekt Verantwortung.* Sie helfen den Kindern je nach Bedarf und entwickeln ein Lernspiel. Manuel arbeitet jede Woche mit Enno, einem autistischen Jungen, zusammen. Er erzählt: »Enno braucht ziemlich viel Hilfe in der Schule. Er nennt mich immer Kumpel und ich ihn auch, da freut er sich. Zum achten Geburtstag hab ich ihm eine Überraschung mitgebracht. Da hat er sich so gefreut, dass seine Augen ganz groß wurden.«

Sophia ist in der 7. Klasse und hat ebenfalls *Sprachbotschafter* als *Projekt Verantwortung* und als *Werkstatt-Thema* gewählt. So kann sie jede Woche kompakt für vier Stunden an eine Grundschule im Wedding gehen. Vormittags hilft sie mit ihrer Freundin Emma in einer jahrgangsgemischten 1. und 2. Klasse. Manchmal sind die Sprachbotschafter einfach im Unterricht dabei und helfen, manchmal gehen sie mit Aufgaben, die sie von Lehrkräften bekommen, in einen Nebenraum und üben mit einzelnen Kindern. Am Nachmittag begleitet Sophia die Kinder in den Hort, wo sie zusammen malen oder spielen. Was das für Sophia bedeutet, erzählt sie hier:

Sprachbotschafterin – Evangelische Schule Berlin Zentrum

Ein Jahr nach dem Start des Programms gibt es an der esbz bereits über fünfzig Sprachbotschafter. Es geht bei dem Programm nicht darum, Schüler als kleine Nachhilfelehrer einzusetzen. Es geht darum, dass sie Beziehungen aufbauen. Und Beziehungen entstehen über Sprache, über Kommunikation. Und beides, Sprache und Beziehungen, sind die Basis für erfolgreiches Lernen.

Was junge Menschen bewirken können, wird hier überdeutlich klar. Wir haben rund acht Millionen Schüler:innen an weiterführenden Schulen in Deutschland. Würden nur 20 Prozent davon sich in einem Schuljahr an Programmen wie Sprachbotschafter oder Vorlesen beteiligen, wären das 200 000 junge Menschen. Die Weichen könnten vielerorts frühzeitig in gute Richtungen gestellt und Lehrer:innen entlastet werden – durch Kinder und Jugendliche! Junge Menschen können so viel mehr, als Erwachsene ihnen zutrauen. Und für Kinder sind Jugendliche oft ein glaubwürdigeres Vorbild als Erwachsene. Das Programm kann in Religion oder Ethik umgesetzt werden, als Wahlpflichtkurs oder Arbeitsgemeinschaft. An Ganztagsschulen bieten sich besonders viele Spielräume. Man könnte Studierende einbinden und Tandems bilden. Die GLS

Zukunftsstiftung Bildung hat das Sprachbotschafterprogramm übernommen und es um weitere Peer-Learning-Programme erweitert. Es heißt nun *BildungsBande.*[31] So können wir Kinder für die Zukunft stärken.

Bildungsbande – Schulen auf dem Weg zu PeerLearning

Schüler:innen als Klimabotschafter:innen

Besonders gut lässt sich Peer-Education im Projekt *Plant-for-the-Planet* und der Kinderklimabotschafter-Ausbildung beobachten. Das Klima schützen und Energiesparen sind an der esbz in vielen Projekten ein wichtiges Thema. Im Juni 2008 hatten wir Felix Finkbeiner, den Gründer von Plant-for-the-Planet, eingeladen. Der zehnjährige Felix hatte eine große Vision, nämlich, dass Kinder in jedem Land der Welt eine Million Bäume pflanzen. Die kenianische Friedensnobelpreisträgerin Wangari Maathai, die in ihrem Heimatland mit anderen Frauen mehr als 30 Millionen Bäume gepflanzt hatte, hatte ihn inspiriert. Sein Aufruf »Stop talking! Start planting!« ging dann um die Welt. Felix hatte alle mit seiner Rede und seiner Vision tief beeindruckt. Nach den Sommerferien startete ein mehrwöchiges Schulprojekt zum Thema Wald, bei dem es um Waldsterben, Abholzung, Regenwälder und Klimaschutz ging. Unser wöchentlicher Projekttag bot dafür das Zeitfenster. Die Kinder gestalteten einen Baumraum, schrieben einen

Baumsong, entwickelten einen Comic und ein Theaterstück, machten Infostände auf dem Alexanderplatz, betrieben Aufklärung an Grundschulen und vieles mehr. Einige Wochen später beschlossen wir auf einer Schulversammlung, 100 000 Bäume für mehr Klimagerechtigkeit zu pflanzen, einen Kinderwald.

Unser schriftlich festgehaltenes Versprechen haben wir am 16. Oktober 2008 vor dem Reichstag feierlich dem damaligen Bundesumweltminister Sigmar Gabriel übergeben. Unser fester Glaube daran, dass Kinder Dinge beeinflussen und ändern können, hat uns in den drei Jahren, die wir brauchten, um es einzulösen, Fantasie, Energie und Durchhaltekraft gegeben. Wir haben nicht nur Bäume gepflanzt, sondern auch andere Kinder davon überzeugt, sich Plant-for-the-Planet anzuschließen. Vierzig Schüler:innen haben sich auf einer Klimaakademie, die von Erwachsenen geleitet wird, zu Klimabotschaftern ausbilden lassen. Danach war klar: Das können wir auch. Wir veranstalten selbst Klimaakademien und bilden Grundschüler:innen zu Klimabotschafter:innen aus. Es funktionierte. Die Jugendlichen bildeten in den folgenden drei Jahren 550 Kinder zu Klimabotschafter:innen aus, die ihrerseits aktiv wurden.

»Das Besondere an den Klimaakademien ist, dass wir Grundschüler:innen ausbilden. Der einzige Erwachsene, der an dem Tag beteiligt ist, ist ein Förster. Zum Schluss, wenn die Kids ihre Ergebnisse aus dem World-Café präsentieren, ihren ersten Vortrag halten und dann von uns eine tolle Urkunde bekommen, die sie als Klimabotschafter ausweist, strahlen sie. Und ihre Lehrerinnen staunen nur noch, was die können.«
(Mia, Stella, Karoline)

Bäume zu pflanzen wurde das Großprojekt der Schule. Es gab auch Pflanzaktionen am Wochenende mit Eltern und Geschwistern. Eine sinnstiftende große Aufgabe schweißte die gesamte Schulgemeinde zusammen. Friedericke ist mit zwei Freundinnen als Klimabotschafterin in der 8. Klasse durch Ostfriesland geradelt, von Schule zu Schule, um dort Vorträge über Plant-for-the-Planet zu halten. Es stellte sich heraus, dass die Schüler mindestens genauso neugierig auf Friederickes ungewöhnliche Schule waren wie auf ihre Botschaft, Bäume zu pflanzen, um das Klima zu schützen. Und am 25. November 2011 war es dann so weit. Wir pflanzten feierlich auf unserem Schulhof den 100 000sten Baum.

Der FREI DAY – ein »System Changer«

Kornelius Knettel, Schulleiter des *Familiengrundschulzentrums Sonnenstraße, Schule im Brennpunkt,* berichtet: »Die Kinder waren vom ersten »Frei Day« so begeistert und angetan, dass wir gar nicht anders konnten, als ihn konstant einzuführen. Für jede Klasse und jede Woche. Und ich muss sagen, das war eine der besten Entscheidungen, die ich als Schulleiter je getroffen habe.«[32]

Das Konzept eines Tages in der Woche, an dem die Kinder und Jugendlichen etwas Besonderes erleben[33], knüpft direkt an die guten Erfahrungen vieler Schulen mit dem Projekt *Verantwortung* an und greift die Forderung aus dem Nationalen Aktionsplan auf: *»Im Lern- und Lebensort Schule sind Aktions- und Freiräume geschaffen, die Kindern und Jugendlichen Selbstwirksamkeit, Kompetenzzuwachs und Anerkennung im Sinne von Bildung für nachhaltige Entwicklung (BNE) ermöglichen. … Hierbei ist darauf zu achten, dass es nicht um die Implementie-*

rung einzelner Maßnahmen, sondern um die Schaffung einer Partizipationskultur in Schule und Gesellschaft geht. Dafür bedarf es keiner vereinzelten Projekte, sondern einer strukturellen Verankerung im Lernort Schule.«[34]

Große Visionen brauchen erste machbare Schritte in die Breite. Der Frei DAY ist so ein Schritt. Mindestens vier Stunden sind jede Woche für den Lernbereich Zukunft strukturell im Stundenplan verankert. Die Themen kommen von den Kindern und Jugendlichen und orientieren sich an ihrer Lebenswelt, ihren Fragen und Sorgen, ihren Visionen und Wünschen. Die 17 Nachhaltigkeitsziele der Vereinten Nationen bieten dabei den weiten Rahmen. Kinder haben Fragen an die Welt. Beispielsweise: Wieso gibt es Krieg? Wieso haben Obdachlose keine Wohnung, warum sind die Meere von Plastik verseucht? Warum sterben Bienen? Warum werden Regenwälder abgeholzt? Warum dürfen Mädchen in Afghanistan nicht in die Schule? Woher kommt das Essen in unserer Mensa? Was bedeutet Klimakrise, und was können wir tun?

Schule im Aufbruch und der FREI DAY wurden im Mai 2023 von der Deutschen UNESCO-Kommission und dem BMBF mit dem Nationalen Preis BNE ausgezeichnet. Das Buch *FREI DAY* kam 2021 auf Platz 4 der Zukunftsliteratur.[35] Und auch das ist bedeutsam: In Zeiten hoher psychosozialer Belastungen der Kinder und Jugendlichen, wie wir sie gerade erleben, ist es wichtig, jungen Menschen Hoffnung, Zuversicht, Wirksamkeitserfahrungen und Sinn zu vermitteln. Der FREI DAY ermöglicht genau diese Erfahrungen und ist ein Lernformat, um Resilienz zu stärken.

Denn Kinder fühlen sich stark, wenn sie spüren, dass ihre Anliegen und Gedanken gehört werden und wichtig sind. Es ermutigt sie, wenn sie spüren, dass Erwachsene ihnen vertrauen und ihnen Dinge zutrauen. Und Schule ist genau der Ort, wo Kinder all das erfahren und wo sie mitwirken können. Bildung ist ein entscheidender Erfolgsfaktor, um die 17 Nachhaltigkeitsziele zu erreichen. Für das Leben lernen und das Gelernte leben ist der Auftrag an die Schule im 21. Jahrhundert. Bundesweit gibt es in Deutschland bereits mehr als 700 Schulen, die den FREI DAY eingeführt haben bzw. an der Einführung arbeiten.

So geht es in einer Grundschule am FREI DAY zu: Überall hocken Gruppen von Kindern zusammen, die lesen, recherchieren, gemeinsam diskutieren, Ergebnisse in ihrem Projekttagebuch notieren. Eine Gruppe ist mit dem Hausmeister in der Holzwerkstatt, um an ihrem Modell »Stockwerke des Regenwaldes« weiterzuarbeiten, vier Mädchen sind im Supermarkt um die Ecke, um herauszufinden, in welchen Produkten Palmöl steckt. Der Opa von Sandra ist Bienenzüchter und stellt sich allen Fragen der Bienengruppe-Kinder. Drei Mädels sind in einer Schulhofecke und bauen mit dem Sozialarbeiter eine nachhaltige Bank. Das Holz haben sie vom Werkhof. Eine Gruppe, die von einer Mutter begleitet wird, führt mit der Bürgermeisterin ein Interview für die Schülerzeitung zum Thema Klimaschutz. Telefonate führen, Mails schreiben, einen Radiobeitrag vorbereiten, Umfrageergebnisse grafisch auswerten, eine öffentlichkeitswirksame Aktion im Stadtteil planen, all das lernen die Kinder am FREI DAY. Nächste Woche ist eine Gruppe in den Stadtrat eingeladen. Die Kinder haben einen Antrag gestellt auf eine verkehrsberuhigte Zone vor ihrer Schule und haben sich inhaltlich intensiv vorbereitet. Die Erwachsenen unterstützen und helfen, wenn nötig.

Wenn Pädagog:innen jungen Menschen Möglichkeitsräume eröffnen und sie befähigen, ihre Schule, ihre Kommune, ihre Zukunft aktiv mitzugestalten, werden sie damit zu bedeutsamen Schlüsselpersonen und erfahren ihrerseits Selbstwirksamkeit. Am FREI DAY lernen Kinder, sich mutig und mündig in Schule und Gesellschaft einzubringen und Umstände zu ändern. Auch für die Zukunft der Arbeit, bei der Kreativität, Agilität, Teamwork und Problemlösefähigkeit bedeutsam sind, ist der FREI DAY eine gute Vorbereitung.

»Der FREI DAY sollte PL heißen. PL= Problemlösung. Denn man lernt, eigenständig Probleme zu lösen.« (Julius, 9 Jahre)

Soziales und ökologisches Entrepreneurship sind wichtig, um Lösungen für die großen Herausforderungen der Zeit zu finden. Der FREI DAY hat Entrepreneurship-Geist als Wesenskern. Unternimm etwas! Sei leidenschaftlich! Werde aktiv! Du zählst, auf dich kommt es an. Du kannst – gemeinsam mit anderen – Changemaker sein! Es ist fantastisch, was Kinder und Jugendliche auf die Beine stellen, wenn wir es ihnen zutrauen, zumuten und ihnen die Räume geben. In den drei Kurzfilmen können Sie die Kinder erleben und einen Vater, der als Unternehmer zum FREI DAY spricht.

FREI DAY – Schülerstimmen der Grundschule Bothmer

FREI DAY – Erfahrungen einer Lehrerin

FREI DAY – Schüler:innen der Grundschule Hemslingen

Das Schulfach Herausforderung

Ein weiteres Lernformat, das junge Menschen stärkt und auf die Zukunft vorbereitet, ist ***Herausforderung***. Es wurde 2008 an der esbz eingeführt. Wie kam es dazu? Dahinter stand die Überlegung: Wenn Mut und Vertrauen in Ungewissheit und Fremdes, der Umgang mit disruptiven Veränderungen und Scheitern essenzielle Zukunftskompetenzen sind, wie können wir Heranwachsende darauf vorbereiten? Die Antwort heißt: »Raus aus der Schule und rein ins Leben.« Schüler:innen im Jahrgang 8, 9 und 10 bekommen drei Wochen Zeit, um hinaus in die Welt zu gehen und eine Herausforderung zu meistern.

Als ich die Jugendlichen fragte, was sie von der Idee halten, hatte ich im Kopf, dass sich größere Gruppen bilden würden, die von Lehrkräften begleitet werden. Es kam anders. Kaum ausgesprochen, war eine riesige Energie im Raum. »Ich will angeln an der Rhone«, »Wir gehen paddeln in Polen«, »Wir fahren mit dem Rad zur Ostsee«, »Wir gehen auf einen Biobauernhof«. Viele Pläne schwirrten im Raum umher, und da war klar, die Ideen kommen von den Kindern, und wir brauchen viele Begleiter:innen. Was ich nicht bedacht hatte, waren die Eltern, die ja noch von nichts wussten. Abends kamen dann Mails wie: »Paddeln in Polen, jetzt reicht es aber« oder »Das geht einfach zu weit«. Schnell luden wir zu einem Elternabend ein. Interessant war, dass es den Eltern weniger darum ging, dass kein regulärer Unterricht stattfindet, sondern die

Kernfrage war: Ist es zu gefährlich? Eltern, die in ihrer Jugend bei den Pfadfindern waren oder anderweitig Herausforderungen bestanden hatten, waren entspannt, und andere, die so was nicht erlebt hatten, besorgt. Wir verabredeten, dass wir uns in vier Wochen wiedertreffen, die Kinder dann allen ihre Herausforderungen vorstellen und die Eltern entscheiden. Bis auf ein Projekt kamen alle durch. 150 Euro hatten die Jugendlichen pro Person zur Verfügung, für Unterkunft, Fahrtkosten und Verpflegung. Übernachtungen in einer Jugendherberge kann man sich davon nicht leisten. Deshalb gilt es, kreativ zu sein: irgendwo anklingeln oder im Vorfeld Schlafplätze organisieren, beispielsweise im Pfarrhaus oder Jugendheim. Unterwegs sind die Jugendlichen meist zu Fuß, mit dem Fahrrad oder auf dem Wasser. Oder sie arbeiten auf einem Bauernhof oder in Biosphärenreservaten. Dabei lernen sie Durchhaltevermögen, an eigene Grenzen zu stoßen, das Ziel nicht aus den Augen zu verlieren, gemeinsam stark zu sein und zusammenzuhalten. Scheitern positiv zu wenden lernen sie auch, denn das Leben läuft nicht nach Plan. »Herausforderung« ist für die meisten das Lieblingsfach. Aus der Komfortzone zu treten, ist eine aufregende neue Erfahrung. Auf üblichen Schlafkomfort und die Allzeit-Verfügbarkeit von Kühlschrank, Toilette, Wasser, Strom und Internet zu verzichten führt dazu, dass die Jugendlichen Wertschätzung entwickeln und dankbar sind für das, was sie vorher als selbstverständlich erachtet haben.

»Ich hätte nie gedacht, wie freundlich die Menschen sind«, sagen viele nach der ersten »Herausforderung«, die in den Jahrgangsstufen 8 bis 10 jeweils drei Wochen dauern. Schöner kann man nicht lernen, dass es sich lohnt, sich auf Neues einzulassen und Unsicherheiten auszuhalten. Begleitet werden die Gruppen von Lehramtsstudierenden, die bei der Herausforderung genau das lernen, was im Studium meist fehlt: die neue Rolle als Coach, Einblick in Gruppenprozesse, Zutrauen in die Fähigkeiten von jungen Menschen, Loslassen und Vertrauen in ergebnisoffene Prozesse – die Geheimnisse von Potenzialentfaltung.

Teilweise sind die drei Wochen Abwesenheit der Jugendlichen für die Eltern eine größere Herausforderung als für ihre Kinder, zumal an einigen Schulen die Schüler:innen bewusst keine Handys mitnehmen. Die Idee »Herausforderung« hat sich inzwischen, vor allem durch die Lehrerfortbildungen an der esbz, in der deutschen Schullandschaft in vielerlei Varianten verbreitet. Ein gutes Beispiel für einen Graswurzelinnovationsprozess. Die Universität Wuppertal forscht dazu und hat das Buch *Herausforderung – eine Projektidee macht Schule* herausgebracht.[36] Marcus Teibrich und Jamila Tressel, beide Herausforderung-erfahren und begeistert, haben die Organisation »Herausforderung einfach machen« gegründet, die Schulen bei der Vorbereitung unterstützt.[37] Hier drei Kurzfilme:

Schulfach Herausforderung:

Ivi in Schweden

David im Wald

Die Lernerfahrungen von Jamila

Schüler schulen Lehrer

Dass die innovativen Lernformate der esbz in Deutschland so weite Verbreitung gefunden und viele Schulen zum Wandel animiert haben, liegt vor allem an der monatlichen Lehrerfortbildung. Es kamen in den ersten beiden Jahren so viele Besucher, dass wir überlegen mussten, wie wir ihnen gerecht werden konnten. Ich fragte unsere Schüler:innen. Die hatten eine gute Idee, nämlich dass sie selbst Lehrerfortbildung anbieten. Wir sind doch die Experten und wissen am besten Bescheid. Wie toll! So melden sich jedes Halbjahr 10 bis 15 Schüler:innen für die Werkstatt Lehrerfortbildung, die seit 2009 einmal im Monat halbtägig stattfindet. Workshops gibt es zu den Themen Lernbüro, Logbuch, Lehrercoaching; Verantwortung, Projektlernen, Herausforderung; Klassenrat, Schulversammlung, Wertschätzungskultur. Dazu kommen Vorträge zu vielerlei Anlässen. Gelebte Praxis überzeugt. Und wenn die Praxis von Kindern und Jugendlichen vorgestellt wird, mit Geschichten, authentisch, begeisternd, aus dem Herzen, dann kann die Wirkung groß sein. Es kommen Lehrer:innen, Schulleiter:innen, ganze Kollegien oder Teilkollegien, Professoren, Studierende, Eltern, Interessierte aus Österreich, der Schweiz, Polen. Dass schon 13-Jährige in der Lage sind, eine fremde Gruppe souverän zu moderieren, sich fremden Erwachsenen als Experten des Lernens zu stellen, die Übersicht zu behalten und auch auf kritische Beiträge einzugehen, überzeugt und ist für viele ein Aha-Erlebnis. »Mauern in den Köpfen einreißen«, nennt das *DIE ZEIT.*[38] Dieses Modell, das wir als »Schüler schulen Lehrer« bezeichnen, hat sich zu einem Beispiel für innovative Lehrerweiterbildung entwickelt, das von anderen Schulen übernommen wurde. Monatlich erreichen wir etwa achtzig bis hundert Menschen. Hier einige Stimmen:

»Es tut gut, eine Schule mit einem Lächeln auf den Lippen und der Überzeugung zu verlassen, dass auch unter widrigen Umständen ganz viel machbar ist, wenn die Haltung zu Schülern und Schule eine andere ist.«

»Ihr habt mich umgehauen und ins Staunen gebracht mit eurer positiven Einstellung, Dinge schaffen zu können.«

»Auch die Schulleiter wurden von den Schülern, deren Kompetenz und Überzeugungskraft ›geknackt‹. Tolle, selbstbewusste Kinder, die zu ihrer Schule stehen, die aber auch Probleme ansprechen. Es hat mich echt glücklich gemacht, das erleben zu dürfen. Ich bin voller Tatendrang und Mut.«

»Wir sind sehr begeistert von dem Konzept und möchten die Grundgedanken zur Grundlage für die Gründung der neuen Gesamtschule in unserer Stadt machen.«

»Ich bin hellauf begeistert. Ich arbeite als Berater für das Kultusministerium. Ich wäre sehr dankbar, wenn wir Sie mit Ihren Schülern für eine große Tagung mit Lehrern, Schulleitern und Schulamtsvertretern gewinnen können. Danke für Ihre Inspirationen, Schule im Aufbruch und Ihr Mut machendes Engagement.«

Was junge Menschen bewirken können zeigt auch das Beispiel der PH Salzburg: Zwölf Schülerinnen und Schüler, 13 bis 16 Jahre alt, eine Lehrerin und ich treffen auf 52 Hochschullehrer:innen. Zwei Intensivtage im Dezember 2012. Eingeladen hatte der Rektor, der den Mut zu einem ungewöhnlichen Setting hatte und Schüler:innen einlud. Und das Unglaubliche geschah: Es ist den Jugendlichen in zwei Tagen intensivsten Austauschs in Kleingruppen gelungen, die verschütteten Visionen in den Herzen der Hochschullehrer:innen wiederzuerwecken. Ihre Authentizität hatte Überzeugungskraft. Vielen Professor:innen ist es unter die Haut gegangen. Professor Sampl, Rektor der PH Salzburg, kommentiert: »Diese Jugendlichen haben uns erstaunt, neugierig gemacht und vor allem sehr begeistert. Die Schüler haben Gruppen geleitet, haben ihr Schulsystem präsentiert, ihre Werte vermittelt, Fragen ausgeräumt und enorme Energie und Selbstbewusstsein ausgestrahlt. Freiheraus gesprochen und diskutiert vor breitem, kritischem Publikum, ganz ohne vorbereitetes Manuskript. Sie haben etwas zu sagen, und das trauen sie sich auch.«

Siegeszug der Achtsamkeit und Empathie

Die große Aufgabe, einen komplexen Haltungswandel an Schulen zu befördern, braucht das Zusammenwirken vieler erfahrener Initiativen mit visionären Menschen dahinter, die teils seit Jahrzehnten Pionierarbeit für den Haltungswandel in Schulen leisten. Im Sommer 2022 trafen sich Dr. Helga Breuninger, Psychologin und Haltungstrainerin, und Silke Weiß, Akademieleiterin der *LernKulturZeit* und wir als Gründerinnen von *Schule im Aufbruch* und *Real-Labor* in der Akademie Paretz in Brandenburg und luden dazu weitere Pionier:innen ein, um einen großen Zusammenschluss zu planen. Wir waren uns einig: Die Sicht auf die Welt und die Wissenschaft ändert sich. Weisheit wird wichtiger als Wissen. Es geht um einen Haltungs- und Kulturwandel. Und wir merkten: Wenn wir unsere Kräfte, Ideen und Herzen miteinander verbinden, können wir den Kulturwandel in unseren Schulen schneller und stärker voranbringen! Unsere gemeinsame Vision: Schule soll sich zu einem Ort des Wohlbefindens, der Fürsorge und Solidarität, des sinnstiftenden Lernens und Handelns und der Demokratiebildung wandeln. Um gemeinsam stärker zu sein, schlossen sich einige Organisationen zu den *Pioneers of Education* zusammen (siehe Seite 179).

Eng verbunden sind diese mit den Experten für *Future Skills* Dr. Arndt Pechstein und Martin Schwemmle. In *Future Skills Navigator*[39] beschreiben die beiden mit reflektierendem Blick auf die hochkomplexe Weltsituation, warum und wie wir der Komplexität der Welt mit einem neuen Denken und Handeln positiv begegnen können und Gestalter:innen des eigenen Lebens bleiben und werden können. Die vier Bereiche, in denen wir in Zukunft Meisterschaft erlangen müssen, bilden die Gesamtheit unseres menschlichen Potenzials ab. Sie sind rationaler Art (Denken), emotionaler Art (Fühlen), spiritueller Art (Verbundensein) und transformationeller Art (Verändern und Wirken). Diese Zukunftskompetenzen sind erlernbar für Organisationen, Teams, Schulen und für die persönliche Entwicklung. Mit ihrem Vortrag »Future Skills für gelingende Bildung und Wirtschaft« begeisterten die beiden im *RealLabor die* diverse Dialogrunde. Die jüngste Person war 14 Jahre alt, die älteste 84 Jahre.

Ebenfalls eng verbunden sind die *Pioneers of Education* mit Prof. Dr. Tania Singer,[40] soziale Neurowissenschaftlerin und Psychologin, die für ihre Forschung zu Empathie und Mitgefühl weltweit bekannt ist. Auch ihr geht es um die gesellschaftliche Transformation. Sie ist überzeugt, dass es uns Menschen an Mitgefühl mangelt und dies die Ursache für die meisten unserer derzeitigen globalen Probleme ist. Inspiriert durch fernöstliche Geistestraditionen hat sie eine der weltweit größten auf Meditation basierenden mentalen Trainingsstudien zum Mitgefühl initiiert und geleitet: das *ReSource Projekt.* Ziel der aktuellen Forschungsstudie *Edu:Social School* ist es, mit Trainingsprogrammen das persönliche Wohlbefinden und das soziale Miteinander im Schulalltag zu steigern sowie das alarmierende Burn-out-Risiko von Lehrkräften zu verringern und Qualitäten wie Empathie, Mitgefühl, soziale Kohäsion,

Resilienz und mentale Gesundheit zu fördern. Eine Riesenchance.

Hoffnung macht, dass Achtsamkeit auch in Hochschulen und der Lehrer:innenausbildung immer stärker Einzug hält. *Susanne Krämer* leitet das Projekt *Achtsamkeit in der Bildung und Hoch-Schulkultur* (Abik) der Universität Leipzig.[41] ABiK bietet Achtsamkeitsformate für Studierende, Lehrende und Führungskräfte an Hochschulen an, und auch für Lehrkräfte und Kollegien an Schulen. ABiK organisierte 2023 die erste bundesweite Konferenz *Achtsamkeit in der Bildung*, welche auf große und begeisterte Resonanz stieß. Bei den Modulen geht es neben Selbstfürsorge, Dankbarkeit und Wertschätzung auch um persönliche Mustererkennung und Möglichkeiten der Gewohnheitsänderung, die eigene ethische Ausrichtung und Emotionsregulation. Es braucht die Fähigkeit, sich Krisen zu stellen, um das Leid und den Schmerz, der durch sie entsteht, überhaupt wahrnehmen zu können. Insbesondere die Klimakrise, die eine existenzielle Bedrohung darstellt, ist oft nur durch die psychologische Strategie zu ertragen, Probleme kognitiv aufzulösen und die Konfrontation mit dem Thema zu vermeiden. Es wird verleugnet oder verdrängt, um sich nicht der Angst, der Trauer, dem Entsetzen stellen zu müssen. Sich auf diese Weise abzuwenden, verhindert aber auch eine adäquate Reaktion. Achtsamkeitsbasierte Emotionsregulation gibt uns die Kraft gibt, schwierige Gefühle anzuerkennen und zu halten. Bei einem Vortrag im *RealLabor* stellt Susanne Krämer heraus: »Alle Formate von ABiK sind von Anfang an von einer *systemischen Perspektive* geprägt. Wir können sowohl die eigenen Muster betrachten, um gesundheitsfürsorglicher mit uns umzugehen, als auch gesellschaftliche Narrative hinterfragen und sie dann in nachhaltiges, ethisches Handeln umsetzen. Es geht darum, Verantwortung zu übernehmen, für die eigenen Ressourcen wie auch die Ressourcen von Mit- und Umwelt. So kann über viele Multiplikator:innen eine achtsamere Bildungskultur in Schule und Hochschule wachsen.«

Diese rasanten Entwicklungen freuen uns besonders, weil Resonanz, Empathie und Achtsamkeit bereits Megatrends sind, wie die Trendstudie *Zukunftskraft Resilienz*[42] belegt. Zentrale Leitmaxime in der spätmodernen Gesellschaft werden Resonanz, aufeinander hören, sich wahrnehmen und im Austausch miteinander sein. Das Ende des egozentrischen Zeitalters hat bereits begonnen, der Trend verschiebt sich von Selbstoptimierung hin zu echter Verbundenheit. Achtsamkeit wird großer Treiber und bedeutet auch die Rückkehr ins eigene Leben und in authentische Beziehungen zur Welt und anderen Menschen, mit Mitgefühl als zentralem Aspekt. Doch um ein System zu verändern und bessere Bedingungen für eine Resonanz- und Resilienzkultur zu schaffen, reicht Achtsamkeit allein nicht aus. Für einen Systemwandel braucht es die Kraft der Kreativität. Achtsamkeit, Kreativität und Mut ermöglichen uns, uns aus starren Strukturen zu befreien und die persönliche Resilienz zu erhöhen. Die Gesellschaft bewegt sich in Richtung einer »Wir-Kultur«, die sich schon jetzt in Nachbarschaftsinitiativen, Ökodörfern und basisdemokratischen Organisationen zeigt. Die Zukunftskraft der Resilienz liegt in der Balance von Achtsamkeit und Kreativität, im Streben nach echter Verbundenheit und in der gemeinsamen Gestaltung einer lebenswerten Gesellschaft. Diese neue Kultur der Resonanz bietet die Grundlage für ein erfülltes Leben im 21. Jahrhundert.

Alles ist schon da

Es gibt Hunderttausende *Good News* in der Welt. Viele kommen bei uns nicht an. Die Medien bringen *Bad News,* da unser Gehirn stärker drauf anspringt und sie leider auch stärker abspeichert. Daueralarmismus belastet seelisch, und angesichts der Zukunftsängste junger Menschen ist es sehr wichtig, sie mit *Good News* zu stärken. Zum Beispiel präsentiert der Mut machende Film *Tomorrow – Die Welt ist voller Lösungen* viele Projekte und Initiativen, die alternative ökologische, wirtschaftliche und demokratische Ideen verfolgen. Alternative Nobelpreisträger, Sozialunternehmer wie die *Ashoka Fellows,* Beispiele auf *FUTURZWEI, Zukunftskommunen* oder Podcasts mit *Good News* aus der Wirtschaft wie *Cradle to Cradle (C2C)* lassen sich leicht im Netz finden. Oder Schüler:innen sehen sich in ihrer Region um und laden Vorbilder als Menschen mit Botschaften ein. Der Unternehmenschef David Pfennig aus Oschatz in Sachsen beispielsweise spricht nicht nur begeistert von der Kreislaufwirtschaft, die sie in der ganzen Region anstreben und seinen selbst entwickelten nachhaltigen Fertigteilhäusern aus Stroh und Holz, sondern bindet auch immer wieder Schüler:innen der Umgebung in alle Prozesse praktisch ein. Solche Menschen und Projekte inspirieren und machen Mut. Eine andere Welt ist möglich. Und stelle dir vor, *Good News* wird ein Schulprojekt. Wenn sich in einer Schule mit 400 Schüler:innen jeweils Tandems ein *Good News* suchen und es schön aufbereiten und aufhängen, dann sind das 200 *Good News,* jeden Tag sichtbar und spannend. Sie können die Idee und die *Good News* über Social Media verbreiten. Eine kleine, positive Social-Media-Revolution.

Und es gibt auch gute Nachrichten für Schulen. Eine Vielzahl außerschulischer Programme und Akteure stehen bereit, um Schulen bei der Transformation zu unterstützen. Hier eine Auswahl aus verschiedenen Feldern:

- Im *Bündnis ZukunftsBildung*[43] haben sich Nichtregierungsorganisationen aus den Bereichen Jugend, Umwelt- und Naturschutz, Entwicklung und Menschenrechte mit dem Ziel Schultransformation zusammengeschlossen: *Amnesty International, BUND, BUND-Jugend, GEW, Germanwatch, Greenpeace, Innowego, NAJU, OXFAM und WWF.* Sie alle bieten auch eine Fülle von Materialien für projektbasiertes Lernen oder den FREI DAY an.
- *Wir für Schule*[44] unterstützt Schulen durch ***Formate*** wie Schul-Hackathons, die *Zukunftswoche, Teachers on Stage* oder *Maker Spaces.*
- Das *Education Innovation Lab*[45] entwickelt Lernformate und Projekte zu Klimakrise, Grundeinkommen, Medienmündigkeit sowie Digitalisierung und Nachhaltigkeit und unterstützt Schulen bei der Implementierung.
- *beWirken*[46] hilft Schulen und Bildungseinrichtungen dabei, eine Kultur der Partizipation und des sozialen Miteinanders zu etablieren.
- Die *Initiative Neues Lernen*[47] fördert innovative Ansätze und Methoden in der Bildung.
- *Schultransform*[48] setzt sich dafür ein, Schulen bei der Transformation ihrer Lehr- und Lernkultur zu helfen, um eine zeitgemäße und ganzheitliche Bildung zu ermöglichen. *Baut Eure Zukunft*[49] steht als Plattform zur Verfügung, um Schulen bei Projekttagen, Fortbildungen und mit Material auf der Basis von *Design Thinking* zu helfen.

- *Die jungen Tüftler* [50] verbinden mit einer Fülle von Angeboten und Fortbildungen Bildung für nachhaltige Entwicklung mit Bildung in der digitalen Welt.
- Auch im Bereich ***Mental Health*** gibt es eine Reihe von guten Unterstützungsprogrammen für Schüler:innen. *The Toolbox is You* ist eines davon. Achtsamkeitstrainerin Maria Kluge, die maßgeblich am Projekt *Pädagogik der Achtsamkeit* an der Universität Wien beteiligt war, entwickelte das zweisprachige, besonders schön gestaltete Übungsbuch *The Toolbox is You!*.[51] Mit Übungen, Anleitungen, Rezepten und Geschichten können Kinder und Jugendliche das Thema Achtsamkeit selbstständig in ihren Alltag integrieren und vertiefen.
- *Kopfsachen e. V.*[52] geht in Schulen und arbeitet in Tagesworkshops.
- Der Verein *Irrsinnig menschlich* geht ebenfalls in Schulen.

Daneben gibt es digitale Angebote wie Die *Nummer gegen Kummer*[53], die App *Junoma* des Online-Beratungsangebotes *JugendNotmail*[54] sowie *Krisenchat*.

Es gibt eine Reihe ***Alternativer Prüfungsformate***, die Noten ablösen können. Eine Übersicht findet sich beim Institut für zeitgemäße Prüfungskultur.[55] Prof. Felix Winter bietet mit Portfolio[56] eine wahre Schatzkiste seiner jahrzehntelangen Erfahrungen sowie einen Schnellkurs an.

Zur ***Demokratieförderung*** eignen sich Materialien zum *Klassenrat,*[57] zu finden bei der Deutschen Gesellschaft für Demokratie oder bei *Ibiz*[58]und beim Projekt der soziokratische *Klassenrat.*[59]

Lernen durch Engagement[60] verbindet gesellschaftliches Engagement von Schüler*innen mit fachlichem Lernen. Das Projekt *Aula*[61] von Marina Weisband ist ein innovatives Beteiligungskonzept für aktive Mitbestimmung im Schulalltag. *Respekt Coaches* stärken das Demokratieverständnis junger Menschen an Schulen, fördern den Zusammenhalt und tragen zu einem gesunden Klassenklima bei.[62] Das *Trialog-Format*[63] ist ein multiperspektivisches Gespräch von Jouanna Hassoun und Shai Hoffmann mit Schüler:innen über den Nahostkonflikt.

Hier erfolgreiche Beispiele für ***Mentoring für Schüler:innen:***
Mit dem Programm *ROCK YOUR LIFE!* [64] werden herkunftsbedingte Nachteile von Jugendlichen ausgeglichen. Bei *Balu und Du*[65] begleiten junge Leute ein Jahr lang ein Grundschulkind auf seinem Lebensweg. *Chancenwerk*[66] hat als Konzept, dass Schüler:innen jüngere Schüler:innen unterstützen. *ArbeiterKind*[67] ermutigt und unterstützt Schüler:innen aus Familien ohne Hochschulerfahrung dazu, als Erste in ihrer Familie zu studieren.

Um solche Initiativen zu großer Wirkkraft zu bringen, schlagen wir als Treiber einen Transformationsfonds als gemeinsame Initiative des Bundes, der Länder sowie von Stiftungen und der Wirtschaft vor. Damit könnten die wirksamen zivilgesellschaftlichen Akteure finanziell so ausgestattet werden, dass sie sich ganz auf ihre Arbeit mit den Schulen konzentrieren und ohne Konkurrenz um Förderer kollaborieren können.

Transformationsbegleitung

Tiefgreifende Veränderung von Schule wird durch strukturelle Probleme massiv erschwert. Um das zu verstehen, bietet das Betriebssystem eines Computers eine gute Analogie: das »Betriebssystem« von Schule ist über 100 Jahre alt und beruht darauf, dass eine Gruppe von Lehrkräften mit inhaltlicher Vorgabe durch den Lernplan und koordiniert durch einen Stundenplan im Wesentlichen unverbunden nebeneinanderher arbeitet. Wirkliche Teamarbeit ist in diesem System nicht vorgesehen und auch nicht nötig. Nun haben wir auf dieses in die Jahre gekommene Betriebssystem eine ganze Reihe neuer Aufgaben oder »Programme« aufgespielt: Inklusion, Integration von geflüchteten Kindern, Bewältigung von Corona, Digitalisierung, Bildung für nachhaltige Entwicklung, *future skills*. Zusätzlich beeinträchtigt wird das Betriebssystem durch den »Virus« Lehrkräftemangel. Und nun wundern wir uns, dass das System Schule nicht mehr rundläuft. All die genannten zusätzlichen Anforderungen lassen sich nicht mit dem etablierten Betriebssystem lösen, sondern sie erfordern effektive Teamarbeit und die Fähigkeit zu agiler Veränderung als Reaktion auf sich verändernde Rahmenbedingungen. Da eine wirkliche Veränderung nur gemeinsam möglich ist, sind das Fähigkeiten, die grundsätzlich notwendig sind, um Veränderung zu gestalten. Systemisch sind sie aber in Schulen nicht vorhanden – was natürlich nicht bedeutet, dass nicht individuelle Schulleitungen oder einzelne Schulen sich diese Fähigkeiten angeeignet haben. Aber um Schulen in der Fläche veränderungsfähig zu machen, braucht das Betriebssystem von Schulen dringend ein Update. Es braucht ein Wandelteam an Schulen, das sowohl Impulse von außen effektiv aufnehmen als auch eigene Impulse setzen kann. Und genauso wie die wenigsten Unternehmen solch tiefgreifende Veränderungen aus sich heraus hinbekommen, so brauchen auch Schulen eine professionelle, externe Begleitung in solchen kulturellen Transformationsprozessen. Aus diesem Grund hat *Schule im Aufbruch* die Transformationsbegleitung entwickelt. Ein zweijähriges Programm für Schulen, in dem das schulinterne Wandelteam von zwei Transformationsbegleiter:innen darin unterstützt wird, die eigene Vision der neuen und zukunftsfähigen Schule Schritt für Schritt in die Tat umzusetzen.[68]

Selbstwirksamkeit entfalten

Wer bin ich? Mit was und mit wem fühle ich mich verbunden? Woher komme ich? Was sind meine Sorgen, Ängste und persönlichen Wertvorstellungen? Mache ich als Lehrer:in weiter oder höre ich auf, weil ich es nicht mehr aushalte? Wie können wir eine Schulfamilie werden, die am Ort des Geschehens selbst den Wandel herbeiführt? Hinter all den Fragen steht auch die, wie ich am besten selbstwirksam werden kann, persönlich und innerhalb einer Gruppe. Selbstwirksamkeit, Kunst, Natur und Liebe sind starke Transformationskräfte. Veränderung, sich in Neues und Ungewohntes begeben, ist bei vielen Menschen mit Ängsten verbunden. Wir beleuchten daher die Angst, die es zu überwinden gilt, die Kunst als so hilfreiche transformative Kraft, die Natur, deren integraler Teil wir sind, und die Liebe, die grundlegende Kraft, Dinge zu verändern.

Ängste besiegen

Selbstwirksamkeit zu erleben bedeutet, dass ich mich selbst kenne, mir selbst vertraue, mir meiner selbst bewusst bin und dass ich meine Potenziale leben darf und kann. Mich selbst kennenzulernen heißt auch im ersten Schritt, dass ich mir persönliche Ängste, Scham, Traumata und nicht förderliche Lebensumstände eingestehe. Diese Themen können wir im schulischen Kontext nicht ausklammern. In den meisten Briefen von Schüler:innen und Lehrer:innen lesen wir von Angst in vielen Facetten. Meistens sind es tiefer sitzende Ängste. Sie verstopfen den Kanal zur Selbstwirksamkeit. Schüler:innen und Lehrkräfte möchten gesehen und verstanden werden, auch in ihrer Angst.

»Angst, dieses Gefühl begleitet mich ständig. Egal ob ich einen Vortrag halten soll, mal wieder der letzte Loser im Sportunterricht bin oder einfach nur einen blöden Spruch von einem Lehrer zu hören bekomme. Am schlimmsten aber ist das Gefühl, die Erwartungen nicht erfüllen zu können, sprichwörtlich ein Fehler im System zu sein. Für meine Lehrer bin ich nur eine Schülerin unter vielen. Respektable Noten, nicht auffällig, nur dieses Mädchen hinten in der Ecke. Doch für mich kann ein einziger Spruch eines Lehrers, der vielleicht nicht mal meinen Namen kennt, mehrere Wochen Angst, Frustration und Selbsthass auslösen. Mir ist eine blöde Note wichtiger als meine Gesundheit und meine Freude. Ich bin abhängig. Ich will gut sein. Ich will Erwartungen erfüllen. Doch dann, wenn ich eine gute Note mit viel Mühe und Stress erreicht habe, freue ich mich nicht, denn es geht immer noch besser und immer noch mehr … Mittlerweile bin ich auch schon in Therapie wegen meiner Ängste.«
(Schülerin, 15 Jahre)

Schüler:innen können oft nicht über ihre inneren Themen und ihre Ängste offen sprechen. Dafür gibt es meist keinen Raum, auch zu Hause oftmals nicht. Sie sind also tatsächlich gefangen und allein mit ihren Ängsten. Es gibt engagierte Pädagog:innen, die versuchen, über Beziehungsarbeit dem entgegenzuwirken, doch das ist in der Zeittaktung des Schulalltags schwierig. Ängste, die in das Leben von Schüler:innen und Lehrkräften hineinwirken, brauchen Raum und Zeit für Reflexion.

Wir sind Menschen mit je eigenen Geschichten, die unser Leben und Fühlen formen. Uns beeinflusst auch, was wir täglich hören, sehen und lesen: Angst vor Krieg. Den Wahlen. Dem Fremden und Abstürzen aller Art. Schlechte Nachrichten verbreiten Angst und sind der Treiber in Politik- und Medienwelt. Die Angst hat sich seit Jahren fest in der Schulwelt, bei unseren Schutzbedürftigen, verankert. Ängste sind ursächlich eine schwächende Kraft, die es zu entschlüsseln und zu wenden gilt. Heute ist Angst vor dem Klimawandel mit den damit verbundenen Gefühlen Angst, Wut, Trauer, Hoffnungslosigkeit, Schuld und Scham hochrelevant. Dies können wir in der Schule nicht ignorieren. Es ist wichtig, dass wir junge Menschen mit diesen Sorgen nicht allein lassen. Die *Psychologists for Future (Psy4F)* haben Empfehlungen für Lehrkräfte erarbeitet. Sie finden sich auf der Website der *Teachers for Future.*[69]

Ängste nicht oder nicht adäquat zu thematisieren, hat einen hohen Preis. Das zeigt beispielsweise das Schweigen der Kriegsgenerationen mit seinen schwerwiegenden Folgen. Denn transgenerationell leben das Verschwiegene und auch die Scham über selbst ausgelebte Gewalt und Schuld als verborgene Angst weiter. Dazu kommt ein in Deutschland verinnerlichter Erziehungsstil, der bis heute unbewusst Verhaltensmuster bestimmt. Das Motto der Nationalsozialisten »Mein Führer befiehl, wir folgen« hat sich tief in den Menschen verankert, auch über die Schule. Prototypisch dafür, dass bereits in der frühkindlichen Phase der autoritäre Charakter eingeübt werden sollte, ist der Bestseller von Johanna Haarer *Die deutsche Mutter und ihr erstes Kind*. Er leitete Frauen an, ihr Kind nicht auf den Arm zu nehmen und es beim Stillen nicht anzusehen, um nur ja keine »falschen« Bindungen aufzubauen. Es ging darum, den Willen des Kindes zu brechen und Kinder gefügig zu machen, damit sie gehorchen. Erwachsene sollten sich »über die Fehler und Schwächen der Kinder lustig machen und sie verspotten dürfen«. Und weiter: »Auch das schreiende und widerstrebende Kind muss tun, was die Mutter für nötig hält, und wird, falls es sich weiterhin ungezogen aufführt, gewissermaßen ›kaltgestellt‹, in einen Raum gebracht, wo es allein sein kann, und so lange nicht beachtet, bis es sein Verhalten ändert. Man glaubt gar nicht, wie früh und wie rasch ein Kind solches Vorgehen begreift«, so Haarer. Von Adolf Hitler ist überliefert: »Jedes Kind ein Kampf. Meine Pädagogik ist hart. Das Schwache muss weggehämmert werden. Eine gewalttätige, herrische, unerschrockene, grausame Jugend will ich. Schmerzen muss sie ertragen. Es darf nichts Schwaches und Zärtliches an ihr sein.« Mit der Haarer-Methode wollten die Nazis eine Generation aus Mitläufern heranziehen. Menschen, die ihre eigenen Bedürfnisse gar nicht erst kennen, weil sie ihnen von klein auf abgesprochen werden. Die Kinder sollten dadurch gefühlsarm und gefügiger werden. Statt Urvertrauen haben die Kinder Urangst verinnerlicht, die das weitere Leben prägte. Haarers Buch wurde zum Bestseller und in abgemilderter Form noch bis 1987 verlegt. In Westdeutschland war die Prügelstrafe in Schulen bis 1973 gängiges Erziehungsmittel, Bayern hat sie als letztes Bundesland erst 1980 verboten.

Fritz Riemann hat uns in seinem Buch *Grundformen der Angst*[70] in das Wesen der eigenen und der uns umgebenden menschlichen Ängste eingewiesen: Die Angst vor der Hingabe. Die Angst vor der Selbstwerdung. Die Angst vor der Veränderung. Die Angst vor der Notwendigkeit. »*Wenn wir Angst einmal ›ohne Angst‹ betrachten, bekommen wir den Eindruck, dass sie einen Doppelaspekt hat: Einerseits kann sie uns aktiv machen, andererseits kann sie uns lähmen. Angst ist immer ein Signal und eine Warnung bei Gefahren, und sie enthält gleichzeitig einen Aufforderungscharakter, nämlich den Impuls zu überwinden.«* Uns mit dem Gefühl der Angst zu beschäftigen hilft dabei, sie einzuordnen. Uns selbst und unser Gegenüber besser zu verstehen. Es hat Befreiungscharakter, wenn wir uns mit der Angst beschäftigen, weil es dabei hilft, überholte Muster zu brechen und anderen inneren Kräften Raum zu geben. Im Transformationsprozess muss dies individuell und systemisch gelingen. Auch und gerade im System Schule.

Im Klassenraum innerhalb der Klassenfamilie kann sie gezeichnet, getanzt, ausgesprochen oder improvisiert werden. Im *RealLabor* in Leipzig wird die Angst oft auf dem Roten Sofa von jungen Menschen in ihrer Tiefe und Kraft beschrieben. Die gute Atmosphäre und das liebevolle aktive Zuhören der anderen eröffnen oft ein bitterliches Weinen angesichts der endlich ausgedrückten Schmerzen oder Ängste. Ein befreites Lächeln folgt fast immer nach den Schilderungen der eigenen Ängste, und die Jugendlichen haben den Weinenden, die Weinende schon längst in den Arm genommen, um ihr Mitgefühl auszudrücken. Diese vor anderen Menschen auszusprechen ist etwas, das der ganze Körper tut. Diese Tat ist ein erster Befreiungsschritt. In dieser Situation entsteht in der Gruppe, also zum Beispiel im Klassenverband, ein tiefes Vertrauen zueinander, weil zwei Grundbedürfnisse erfüllt werden: Mitgefühl mit dem Erzählenden und Dankbarkeit für diese Situation, denn der Erzählende hätte auch ich sein können, und ich würde gehalten werden von den anderen. Was für ein Glück. Ängste und Schmerzen aller Art sind oft tiefgreifend mit alten Glaubenssätzen verbunden, die uns, meist sogar über die Generationen hinweg, als Trauma begleiten können. Die Zeiten, in denen wir schamhaft in geschlossenen Räumen Therapien aller Art gemacht haben, sind vorbei. Unsere innere Entwicklung und damit verbundene Traumata sind im öffentlichen Raum als Aufarbeitungsprozess angekommen, weil wir sie teilen möchten mit anderen, und sich daraus tiefer gehende Gemeinschaftserfahrungen und Nähe entwickeln können.

Auch in der Schule dürfen Gefühle gezeigt werden. Ich muss nicht perfekt, immer gut gelaunt, schlank und angepasst sein, wie es die Werbung uns vorgaukelt. Die breite Palette an Emotionen, individuellen Besonderheiten und Herkünften wird im Schulhaus der Zukunft als Vielfalt gefeiert. Verbundenheit zu erleben mit sich selbst und anderen ist auch eine wesentliche Voraussetzung für Leistungsfähigkeit. Wir werden zu bewusst Handelnden, statt als Konsumenten nur zu funktionieren. Dafür braucht es in der Schule der Zukunft Orte, Zeiten, Räume. Ab Herbst bieten wir im *RealLabor Leipzig* runde Tische an, um im öffentlichen Raum die Angst im Themenfeld Schule zu verhandeln.

Kraft der Künste

Transformationsprozesse kann man nicht allein kognitiv erfassen. Die Künste in ihrer transformativen Kraft sind in der Lage, für viele der aktuellen Herausforderungen Antworten zu liefern. Wahrnehmung, Gestaltung und Persönlichkeitsentwicklung bedingen einander. Der Blick auf Kunst hat sich gesamtgesellschaftlich verändert. Kunst ist als Suche nach dem eigenen Ausdruck und individueller Kreativität in unser aller Alltag angekommen. Kunst im weitesten Sinne als Transformationsinstrument in unseren Schulalltag fest zu verankern ist nötig, um den Wandel von einer Funktionsgesellschaft in eine selbstreflektierende Kreativgesellschaft zu schaffen.

Die Schule ist momentan ein weithin geschlossenes, in sich funktionsorientiertes System. Bisher galt Schule allgemein als ein Ort, an dem eine Lehrperson die kognitiven Fähigkeiten von Schüler:innen befördert, um sie aufs Funktionieren in einer Konkurrenzgesellschaft vorzubereiten. Auch Eltern denken immer noch im Status quo dieser alten Welt, wenn es um das »Fortkommen« ihrer Kinder geht. Die Zukunft gehört aber der kreativen Kraft. Kreatives Lernen heißt lernen, zu sein, lernen, sich auszudrücken, lernen, wirksam zu sein, lernen, mit ständiger Veränderung umzugehen. Und das alles in solidarischer Gemeinschaft.

Mit seiner Aussage: »Jeder Mensch ist ein Künstler« wandelte Joseph Beuys, Revolutionär der Kunst, das Zitat von Novalis »Jeder Mensch kann ein Künstler sein« von der Möglichkeit in eine Ist-Form um und schuf so ein Bewusstsein für die eigene schöpferische Kraft, welche im eigenen Denken begründet liegt. Damit sagt Beuys nichts über die Qualität, er sagt etwas über die prinzipielle Möglichkeit, die in jedem Menschen steckt. Und Beuys geht mit seinem Kunst- und Weltverständnis einen entscheidenden Schritt weiter. Er erfindet den Begriff der Sozialen Plastik. Damit wird Kunst bezeichnet, die den Anspruch hat, auf die Entwicklung einer Gesellschaft gestaltend einzuwirken. Außerdem wird der Begriff auch für Aktionen und Prozesse verwendet, mit denen Menschen versuchen, auf kreative Weise Verhältnisse zu verändern.

Joseph Beuys, Vordenker, Performer und Professor an der Kunstakademie in Düsseldorf, entwickelte seine erstaunlichen Experimente und gesellschaftlichen Transformationsvorstellungen nach einem erlittenen Kriegstrauma im Zweiten Weltkrieg. Es veranlasste ihn, die Welt radikal neu zu denken, auf persönlicher und gesellschaftlicher Ebene. Seine traumatischen Erlebnisse zu verarbeiten, war der erste Schritt in seine persönliche Transformation. Sich der eigenen Tiefen bewusst zu werden, sie mit einer künstlerischen Handschrift festzuhalten und daraus Kraft zu schöpfen, um das Neue zu wagen – aus dieser Erfahrung entwickelte Beuys auch eine ganz eigene Form der Lehrtätigkeit an der Kunstakademie in Düsseldorf: Indem er auf Augenhöhe mit seinen Studenten versuchte, die Welt zu verstehen und aktiv Einfluss zu nehmen. Ein Beispiel für seine frühen gesellschaftlichen Visionen, die er in Taten verwandelte, ist die Skulptur Stadtverwaldung statt Stadtverwaltung, für die er im Rahmen der documenta im Jahr 1982 in Kassel 7000 Eichen anpflanzen ließ. In Städte und Gemeinden hineinzuwirken und mit ihnen zusammen die direkte Umgebung zu verändern, kann heute Aufgabe jeder Schule sein.

Genauso ist es Aufgabe von Schule, Künste in all ihren Formen und Tönen als therapeutisches Mittel, als »Lebensmittel« an Schulen einzusetzen. Egal ob Musik, Poesie oder andere Künste: Sie alle beleben das innere Potenzial von Menschen und sind unverzichtbar! Musik belebt unsere eigenen inneren Kräfte und Gefühle. Wenn wir sie in ein Korsett von Schulnoten zwängen, hat sie ihren eigentlichen Zweck verfehlt. In jeder Schulklasse sitzen Menschen, deren ganz persönliche Geschichte, deren Gefühle und Ängste der Schlüssel sind zu Vertrauen, Integration und Verbundenheit. In unseren Schulen sitzen wunderbare, vielsprachige, multikulturell geprägte Kinder, die die Sorgen und verschiedenen Ängste der Familien auch in sich tragen. Die Künste, in guten gemeinsamen Aktionen eingebettet, befördern Selbstwirksamkeit, innere Befreiung, Selbsterkenntnis, Verständnis und Mitgefühl. Lebendiges Lernen ist ein den gesamten Körper erfassender Vorgang. Verkopftes Lernen ist schnell vergessen. Nur was unter die

Haut geht, nur was das Herz berührt und aus dem Herzen spricht, nur wo die Hand anfasst und gestaltet, da wird Lernen zum Eigentum der Lernenden, das diesen dann niemand mehr rauben kann. Theaterspielen ist die Hochform dieser Lernweise. Alles, was fließt, was in Bewegung kommen kann, findet sich im Theaterspielen zusammen. Darum ist Theaterspielen eine einzigartige Chance für das Lernen auf dem Wege zu sich selbst. Beim Theaterspielen kann jede Person, unabhängig vom Kompetenzspektrum, eine tragende Rolle bekommen. Auf der Bühne, hinter der Bühne, beim Entwickeln und Texten, beim Kostümenähen, Kulissenbauen. Erfolg gibt es nur im ganzheitlichen Zusammenspiel aller. Theater macht Lernen inklusiv, beim Theater werden starke Erfahrungen des WIR gemacht. Das Theater schweigt, spricht, schreit, singt, klärt ab und klärt auf, kann politisch sein. Theater spricht in allen Sprachen, vor allem auch in den Körpersprachen. Das Theater ist eine Entfaltungschance für alle.

Im englischen Bildungssystem ist die Kraft der Kunst erkannt, Theater und darstellende Kunst spielen eine bedeutende Rolle und sind auf allen Schulstufen zentral im Curriculum verankert. Auch in Deutschland haben Schulen die Kraft des Theaters entdeckt. Zum Beispiel die Grundschule Borchshöhe in Bremen, eine multikulturelle Schule, die durchgängig projektbasiert arbeitet. 2005 wurde als präventive Maßnahme für suchtgefährdete Familien ein Marionetten-Projekt durchgeführt. Die Schüler verblüfften dabei mit besonderen Leistungen und neuen Facetten ihres Könnens. Nach einigen Jahren der Theaterarbeit mit *wenigen* Kindern entstand die Idee, *alle* Kinder einzubinden. 2010 entwickelte die Schule mithilfe des professionellen Theaterteams *Tatatuck* unter Beteiligung aller Kinder ein Theaterstück. Im Jahr darauf wagte sich die Schule mit dem Stück *Stadt der Schatten* an die schwierige Thematik von Flucht und Vertreibung. Begleitet von intensiven Gesprächen im Kollegium über Skepsis bezüglich der Thematik, der Machbarkeit sowie der notwendigen Synergien für den Unterricht, gelang das Projekt mit berührendem Ergebnis! Auch die Erika-Mann-Grundschule in Berlin hat frühzeitig erkannt: Das Theater bietet Ausdrucksmöglichkeiten und eine universelle Sprache, die über alle gesprochenen Sprachen hinausgeht. Das Theaterspielen bietet einen ganzheitlichen Ansatz für den Spracherwerb. Daher war die Erika-Mann-Grundschule schon 1999 die erste theaterbetonte Grundschule Berlins. Unter der Anleitung von Theaterpädagog:innen entwickeln die Kinder selbst Inszenierungen, häufig aus eigenen Erfahrungen, Gedanken oder Träumen. Sie konzipieren szenische Elemente, Interaktionen und körperlichen Ausdruck, sie formulieren und notieren, korrigieren oder ersetzen eigene Sätze und Textpassagen. So formt sich Sprachkompetenz häufig nachhaltiger als in ausschließlich »klassischem« Deutschunterricht. Außerdem fördert das Theaterspiel Individualität und Selbstbewusstsein der Kinder. Durch die Arbeit an Szenen, Rollen und Texten entwickeln sie gleichzeitig ihre Persönlichkeit und ihre Selbstkompetenz.

Die Peter Gläsel Schule in Detmold hat mit dem *PRRITTI®-Bildungsmodell* die transformative Kraft der Künste ins Zentrum der Schulentwicklung geholt. Künstlerische Prozesse beflügeln das Lernen durchgängig und setzen kreative Potenziale frei. In der Peter Gläsel Schule nennt man das »Bildungskunst«: »In der Schule orientieren wir uns an Fragen, wie wir gemeinsames Lernen gestalten können, wie wir uns gegenseitig am Lernen beteiligen können und wie wir am besten voneinander lernen können«, so Josef Köhler, Urheber des PRRITTI-Modells.

Kunst, Musik, Theater, Film und Tanz sind Motoren für die Persönlichkeitsentwicklung und die Gestaltungskompetenz. Gleichzeitig sind sie Wegbereiter für Erkenntnisse und Lernverläufe und verbinden die Themen der Zukunft mit der aktuellen Realität der Kinder. Jedes Jahr verbindet sich ein Nachhaltigkeitsthema mit der Entwicklung eines multimedialen Theaterstücks. Die komplette Entwicklung liegt dabei in der Kooperation zwischen Kindern und Lernbegleiter.

Saskia Köhler, Kulturagentin für kreative Schulen, die in der Peter Gläsel Schule die Regie für diese Entwicklung übernimmt, hat 2024 mit den Kindern ein Stück entwickelt, das den Titel *Good News* trägt. Mit einem Schiff machen die Kinder eine Reise um die Welt. Der Meeresspiegel steigt in diesem Stück nicht nur durch den Klimawandel, sondern auch durch die Tränen der Menschen, die aufgrund der vielen schlechten Nachrichten so viel weinen müssen. Als sie auf ihrer abenteuerlichen Reise versehentlich einen Flaschengeist wecken, verrät dieser ihnen, dass sie viele gute Nachrichten sammeln müssen. Erst dann würde der Meeresspiegel wieder sinken. Tatsächlich sammeln sie so viele gute Nachrichten, dass die Menschen aufhören zu weinen und es wieder viel Hoffnung gibt, die Welt neu zu gestalten. Die komplette Musik, die Tanzstücke, Bühnenbilder, Kostüme und Filmbeiträge sowie alle Texte sind eine Gemeinschaftsaufgabe der gesamten Schule.

Dieses Beispiel zeigt, dass die Künste keine Randerscheinung von Bildungsprozessen sind, sondern ein zentraler Knotenpunkt für die gesamte Schulentwicklung. »Hier verbindet sich Kreativität mit Intuition und Bewusstsein, und alle Sinne werden gleichermaßen berührt und genutzt. Außerdem ist das Lernen der Zukunft durch kooperatives Lernen und Gestalten geprägt und nicht durch Konkurrenz«, sagt Josef Köhler.

Anregungen, wie das beschriebene Stück entwickelt wurde, gibt es. Lehrkräfte können dieses Stück nicht nur als Beispiel für die Integration von Kunst in den Unterricht nutzen, sondern auch als Vorlage für eigene Projekte.

Was fächerübergreifendes Lernen mit Fokus Kunst an Qualität hervorzubringen vermag, zeigt das Projekt zum Nationalsozialismus an der Evangelischen Schule Berlin Zentrum. In Klasse 10 fließen die Stunden aus Gesellschaftslehre, Religion und Kunst für drei Monate in ein Projektformat. Nach fachlichen Inputs suchen sich Schülergruppen eine Forscherfrage, bearbeiten sie und setzen sie künstlerisch um. Die Arbeiten werden zu einer Ausstellung im Abgeordnetenhaus Berlin, Eröffnung ist am Holocaustgedenktag. Die Schüler:innen stehen eine Woche für Diskussionen mit der Öffentlichkeit zur Verfügung. Hier ein Ausschnitt aus dem beeindruckenden Film:

Es gibt zahlreiche Möglichkeiten, die Künste in der Schule fest zu verankern. Ein Beispiel dafür ist das Programm MUS-E. Es sensibilisiert Kinder durch die Künste und bringt Kunstschaffende an Schulen. Im Rahmen des regulären Unterrichts kommt jede Woche für eine Doppelstunde ein/e professionelle/r, charismatische/r Künstler oder Künstlerin in die Klasse und aktiviert die Kinder mit seiner/ihrer Kunst. Nach jedem

Halbjahr wird die Kunstform gewechselt – es gibt Tanz, Theater, Musik und Bildende Kunst. Auf diese Weise können alle Kinder einer Klasse niederschwellig und in einem kontinuierlichen Prozess über zwei bis drei Jahre Kreativität, Selbstwertgefühl und Toleranz entdecken und entwickeln. Viele Kinder haben von Haus aus kaum Zugang zu künstlerischen Aktivitäten und erfahren durch MUS-E Empowerment und soziale Teilhabe. Kinder, die kaum Deutsch sprechen, können sich in den Künsten als universelle Sprache ausdrücken. Sie beginnen, sich Ziele zu setzen, haben Erfolgserlebnisse, kommunizieren besser miteinander und übernehmen Verantwortung für das Gelingen von Projekten. Die erhöhte Lernmotivation kommt auch anderen Schulfächern zugute und ist Basis für eine insgesamt erfolgreichere Schullaufbahn und den späteren Ausbildungs- und Berufsstart. MUS-E®[71] wirkt systemisch sowohl auf das Schulleben als auch in die Familien, beispielsweise bei Aufführungen oder Ausstellungen des Geschaffenen. Wir brauchen mehr davon in unseren Schulen! Kunst muss gestärkt und nicht abgebaut werden.

Auch *JeKits*[72] ist ein tolles kulturelles Bildungsprogramm, das in 1000 Grund- und Förderschulen in NRW durchgeführt wird, beispielsweise in Kooperation mit Musikschulen oder Tanzinstitutionen. *JeKits* hat die drei alternativen Schwerpunkte: Instrumente, Tanzen oder Singen. Manchmal sind der Engpass fehlende Lehrer:innen. Hier könnten begabte ältere Schüler:innen aus der Sekundarstufe I übernehmen, als *Kultur-Botschafter:innen.*

Manchmal beweist sich verblüffend und anrührend, wie Kunst und Natur im freien Zusammenspiel das Lernen nachweislich befördern, ganz ohne Druck. Im Sommer 2004 reisten 150 Kinder aus sozialen Brennpunktgrundschulen zusammen mit

Künstler:innen und Pädagog:innen für drei Wochen in drei Schullandheime rund um Bremen. Viele Kinder mit migrantischem Hintergrund waren dabei, auch Kinder, die Urlaubsausflüge nicht kennen. Sie waren die »Kofferbanden«, mit jeweils 50 Kindern. Die 150 alten Koffer hatte die Bremer Bevölkerung gespendet. Mit zwei Stunden »Training« am Tag sollten die Kinder ihre Deutschkenntnisse verbessern. Die große Klammer des Projektes war das Hinarbeiten auf die Aufführung eines gemeinsam erarbeiteten Theaterstücks am Ende des Sommercamps, bei dem die Koffer und Sprache eine zentrale Rolle spielten. Die Kinder übten täglich zwei Stunden die Grundlagen der deutschen Grammatik, Textverständnis und Lesen.

Das alles fühlte sich für die Kinder nicht nach Arbeit an, denn im Sommercamp wurde das Lernen mit freiem Spiel und künstlerischen Prozessen verbunden. Nach drei Wochen des Lernens, des Naturerlebens, des Rumtobens und der täglichen Proben für das Theaterstück folgten an drei Abenden die faszinierenden Aufführungen im Bremer Waldau-Theater. Die Kinder verzauberten ihre Eltern, ihre Lehrer:innen und das weitere Publikum. Das Max-Planck-Institut für Bildungsforschung hat das Projekt wissenschaftlich begleitet und den Lernzuwachs ausgewertet. Das verblüffende Ergebnis wollten die Wissenschaftler erst selbst nicht glauben. Prof. Dr. Jürgen Baumert: »Die drei Wochen mit zwei Stunden Training täglich und Theater und Natur haben Effekte, die etwa vergleichbar sind mit dem Zuwachs eines ganzen Schuljahres.« Der Film *Das Wunder von Bremen* dokumentiert das Projekt.

Kunst und Natur sind die Treiber für lebendiges, kreatives und gesundes Lernen der Kinder und Jugendlichen. Sie sind zielführende Antworten auf die schlechten Ergebnisse der IGLU-Studie. Haben wir den Mut, dies in der Breite umzusetzen!

Kraft der Natur

»Ich, Ute, erinnere mich heute an meine Kindheit in den 70er-Jahren am Stadtrand von Leipzig. Nach der Schule führte mich ein halbstündiger Nachhauseweg ins elterliche Haus. Meist schlenderte ich mit Freunden oder Geschwistern nach Hause. Die Verabredungen für den Nachmittag waren in der Schule getroffen. Der Ranzen flog in die Ecke, und nichts wie raus. Im Garten mussten vor dem Abendessen noch die Beeren gepflückt werden. Okay, kein Problem – aber jetzt zur Müllkippe übers Kartoffelfeld, den Feldweg an den Himbeeren hoch, wo sich immer alle trafen und bis sechs rumlungerten zwischen den Goldruten. Hausaufgaben noch schnell nach dem Abendbrot gemacht, und mit Abwasch bin ich heute dran. Und so endete ein ganz normaler Tag. Wir waren als Kinder relativ autark unterwegs.

Wenn wir uns die sinnlichen Eindrücke dieser Zeit in Erinnerung rufen, kommen als Erstes Begriffe wie Sonne, Wind, Freiheit, lange Nachmittage mit Freunden in den Sinn – ohne konkreten Zweck –, immer mit anderen Kindern verbunden. Kindheit eben. Apfelbäume und Baumhäuser, der Geruch der Äcker und Wiesen und die kolossalen Strohballen, in die wir heimlich kletterten und alle möglichen Buden bauten, bis die Sonne glutrot den Abend ankündigte. Mutproben aller Art gehörten dazu. Überall bauten wir Buden, auch in verbotenen Gärten. Im Sommer trafen wir uns an der Gösel und schlurften durch den Bach bis zur Badestelle, wo schon andere Kinder auf uns warteten. Der eigene Hund, Janka, war immer dabei. Klavierstunde war das einzige Nachmittagsprogramm.«

Wir fühlen nach dieser Beschreibung den gravierenden Unterschied zu heute, nach einer historisch gesehen so kurzen Zeit. Das damalige Erlebnis von innerer Freiheit, unbändiger

Bewegung in Wäldern mit ihren Pilzen und weichen Böden, duftenden Wiesen und allerhand Tieren, ist heute selten geworden. Auch der lange selbstverantwortete Schulweg war ein Stück Freiheit. Das nicht überwachte Spielen mit anderen Kindern. Technik und Konsum spielten kaum eine Rolle. Da waren lediglich die Autos der Eltern, Fernseher und Telefon – in der DDR nicht mal das. Die meisten Kinder lebten in klassischen Familienstrukturen. Dieses innere Wissen ist Teil einer vergangenen Welt.

Die rasante Technologisierung, Globalisierung, Urbanisierung, Standardisierung, Bürokratisierung der letzten Jahrzehnte in allen Lebensbereichen – die Veränderungen der familiären Strukturen –, all das hat eine gänzlich andere »Kindheit« unserer Kinder zur Folge, die wir nicht mehr vergleichen können mit der unseren. Durch die Automatisierung werden auch alltägliche Aufgaben zu Hause von Maschinen übernommen. Und das Internet: Die Kinder leben heute, still sitzend und fokussiert, durchschnittlich drei Stunden täglich in der technischen, reizüberfluteten Welt eines kleinen digitalen Gerätes, so wie auch ihre Eltern.

Die virtuelle Interaktion ersetzt mehr und mehr die realen sinnlichen Erfahrungen. Was früher selbstverständlicher Teil unseres Lebens war, die freie Aktivität in der Natur, müssen wir Kindern heute ermöglichen, damit sie gesund bleiben oder werden. Leider tragen viele Eltern unwissentlich zu dieser Naturentfremdung bei. Das zeigte zum Beispiel die Zeitung *DIE ZEIT* in einer von ihr beauftragten repräsentativen Umfrage. Sie ergab, dass Eltern ihren Kindern in dieser Hinsicht immer weniger Freiheiten einräumen: 56 Prozent der befragten 1002 Mütter und Väter ließen ihre Kinder nur auf dem eigenen Grundstück unbeaufsichtigt spielen, maximal noch in der direkten Nachbarschaft. Der Grund ist meist die

Angst, es könne ihnen etwas passieren. Früher nahmen Eltern das lockerer. Mal zum Vergleich: In den 1960er-Jahren konnten sich Kinder in einem Radius von mehreren Kilometern frei bewegen. Heute erlauben ihre Eltern ihnen im Schnitt nur noch 500 Meter rund um das Elternhaus. Soziologen sprechen mittlerweile schon von »verinselten Kindern« und schlagen Alarm. Die Coronapandemie hat diesen Trend mit Sicherheit noch verstärkt. Es braucht dringend mehr Naturerfahrungen. Schule und auch außerschulische Lernorte haben damit die Aufgabe, einen sicheren Rahmen zu schaffen, in dem Kinder frei und unreglementiert Natur erfahren können.

Wo es keine vielseitigen sinnlichen Erfahrungen in der Natur gibt, können Kinder ihre kognitiven und emotionalen Fähigkeiten nicht vollständig entwickeln. Bewegungsmangel führt zu gesundheitlichen Problemen. Der Mangel an praktischen Erfahrungen kann die Entwicklung von Kreativität und Problemlösungsfähigkeiten beeinträchtigen. Es ist unsere Verantwortung, den Kindern das Verlorene wiederzugeben. Auch sinnliche Erfahrungen in den Kontexten Natur, Mensch, Planet, Tier sind Beziehungserfahrungen, da alles miteinander verbunden und voneinander abhängig ist. Richard Louv, der US-amerikanische Umweltaktivist und Autor des wachrüttelnden und für manchen vielleicht auch provozierenden Buches *Das letzte Kind im Wald?*, hat dafür den neuen Begriff »Natur-Defizit-Störung« geprägt. In seinem Buch, für das er mit 3000 Kindern und Eltern gesprochen hat, beschreibt er eine Generation, die sich zwar mit Umwelt- und Klimaschutz beschäftigt und sich im Internet über die Abholzung des Regenwaldes informiert, die aber kein ungestörtes, selbstmotiviertes Spielen in der freien Natur, kein von Erwachsenen unreglementiertes Herumstromern in Wald und Wiesen kennt.

Er erklärt, wie Natur die Kreativität und Neugierde fördert, die Wahrnehmung schärft und wie sie dazu beiträgt, dass ein Kind die in ihm angelegten Potenziale entdecken, spielerisch ausprobieren und entwickeln kann. Und er weist darauf hin, dass die Forschung zunehmend einen Zusammenhang zwischen unserer mentalen, körperlichen und spirituellen Gesundheit und primären positiven Naturerlebnissen herstellt. Schließlich beschreibt er aber auch Maßnahmen, die wir ergreifen können. In den USA, wo es zugegebenermaßen weitaus größere Probleme mit Fettleibigkeit schon bei Kindern gibt, hat sein Bestseller die sogenannte *No Child left inside*-Bewegung befeuert, die sich dafür starkmacht, Kindern eine solche Draußen-Erfahrung und Natur-Alphabetisierung zu ermöglichen. Louv erkennt auch einen Zusammenhang zwischen der zunehmenden Naturentfremdung von Heranwachsenden und der Vielzahl von AD(H)S-Diagnosen, Depressionen und Essstörungen. Die recht junge Wissenschaft der Naturpsychologie scheint ihm recht zu geben. So kam zum Beispiel eine Studie unter 90 000 Menschen in Dänemark zu dem Ergebnis: Kinder, die mit viel Grünflächen rund um ihren Wohnort aufwachsen, bleiben als Erwachsene mit höherer Wahrscheinlichkeit psychisch gesund. Heute wissen wir auch um die gesundheitsfördernden Wirkungen der pflanzlichen Botenstoffe, mit denen sich Bäume untereinander etwa vor Fressfeinden warnen: Phytocide, insbesondere die Terpene wirken entzündungshemmend, schmerzlindernd und beruhigend auf das Nervensystem, was Stress und Angst mindern kann. Der Psychologe Ulrich Gebhard kommt außerdem zu dem Schluss, dass die Erfahrung von Natur im Außen eine große Bedeutung für die Entwicklung unserer inneren Natur hat. Allerdings kann niemand Natur als sinnliches Erfahrungs- und Experimentierfeld voller Schätze aus zweiter Hand begreifen. Die Forderung muss daher lauten: Kinder zurück in die Natur! Schule kann dies leisten.

Eine große Chance besteht darin, das Terrain Schule als Naturraum neu zu denken und zu gestalten. Schulen sind wesentliche Bestandteile unserer Stadtarchitektur und können Vorbilder werden. In »Stadt der Zukunft« beschäftigen sich Friedrich von Borries und Benjamin Kasten damit, wie wir in einer veränderten Welt (über)leben werden. Schule ist die erste, gut überschaubare Welterfahrung unserer Kinder. Hier lernen sie im besten Fall, die Welt zu verändern. In den nächsten Jahren werden Hitzeperioden zunehmen, und das Thema Stadtgrün wird eine zentrale Rolle in unserem Leben spielen. Schulen, das sind Innenräume, Außenflächen der Schulgebäude, meist betonierte Schulhöfe und Wegeflächen. Es gilt, diese Betonwüsten schnell zu verändern. Zusammen mit den Kindern und Jugendlichen. Friedrich von Borries und Benjamin Kasten erläutern in ihrem Buch *Stadt der Zukunft,* dass die Räume, in denen wir leben, und die Dinge, mit denen wir uns umgeben, einen wesentlichen Einfluss auf unsere Sicht der Welt haben. Beides hat deshalb auch eine gesellschaftliche Bedeutung.

Stellen Sie sich vor, dass die betonierten Flächen in den Höfen und die Wände von Schulgebäuden fantastische Naturräume wären, die von Schülerhänden betreut, gepflegt und mit erschaffen werden. Die vielen Coachs, Lehrkräfte, Handwerker:innen, Architekt:innen, Planer:innen der Stadtgemeinschaft, Eltern mit passenden Berufen, stehen den Schüler:innen zur Seite, wenn sie ihre unmittelbaren Erlebensräume gestalten. Die Kinder werden dazu ermuntert, ihre Umgebung selbst aktiv und nachhaltig mitzuentwickeln, zum Beispiel eine grüne Lunge mit Lern- und Lehrplätzen im Freien für den Sommer als Schulhof zu entwerfen und dabei praktisch zu lernen, was Pflanzen, Kräuter, Sträucher und Bäume zum guten Gedeihen benötigen. Obwohl wir wissen, dass wir besonders das schützen, lieben und achten, was wir mit eigenen Händen erschaffen, überlassen wir gewohnheitsmäßig die Landschafts- und Gebäudearchitektur des schulischen Umfelds zahlreichen Dienstleister:innen. Identitätsstiftend wäre aber, dass Schüler:innen selbstwirksam werden dürfen und dadurch Mut schöpfen, Achtsamkeit einüben, ökologisch, vernetzt und gemeinwohlorientiert denken und handeln lernen. Wir müssen Kinder dazu befähigen, indem sie selbst ihr Umfeld erdenken, gestalten und erblühen sehen. Lehrer:innen sind ihre Ermöglicher:innen. Natürlich denken wir auch sofort an die bürokratischen Standards, die mit der Entwicklung von Schulhöfen einhergehen, aber so drastisch sind sie vielleicht gar nicht. Besonders interessant kann es werden, wenn Kinder zum Beispiel von Azubis lernen, wie man mauert, pflanzt oder tischlert – der Schulhof könnte ein Gesellenstück werden.

Mit dem Projekt ***Herausforderung*** haben Schulen einen Weg gefunden, der Jugendlichen im Schulkontext Naturerfahrung ermöglicht. Vorausgesetzt natürlich, sie haben eine entsprechende Aufgabe gewählt – wie beispielsweise das Mitarbeiten in Biosphärenreservaten oder auf Biobauernhöfen. Elf Jungen wanderten 380 Kilometer auf dem Benediktinerpfad in Thüringen. Andere verbrachten drei Wochen in den Alpen, lebten einige Tage in einem selbst gebauten Unterschlupf im Wald und ernährten sich von dem, was sie in der Natur fanden.

Drei andere Jungs entkohlten in Südfrankreich, wo es einen Flächenbrand gegeben hatte, Hunderte Bäume, damit diese wieder ausschlagen können. In der Steinhütte, in der sie drei

Wochen abseits der Zivilisation wohnten, gab es weder Strom noch warmes Wasser. Anschließend erzählten die drei begeistert, es wäre großartig gewesen und es hätte ihnen nichts gefehlt.

Bachufer, Baumkronen, Wiesen, Beete, Komposthaufen oder Bienenstöcke zu erleben und zu erkunden, auf dem Acker arbeiten im Rhythmus der Jahreszeiten, einen Schulgarten anlegen, die Bedeutung von Humus begreifen. Dafür brauchen Kinder gesicherte Zeiten. Indem sie das tun, erkennen sie den Wert der Natur. Nicht nur mit dem Kopf, sondern auch mit Hand und Herz.

Auch der FREI DAY ist ein ideales Format, das Lernen in der Natur mit allen Sinnen möglich macht.

Hilfreiche außerschulische Partner unterstützen Schulen, wie die *GemüseAckerdemie*[73] und *Grün macht Schule.*[74] Das *Netzwerk Draußenlernen* befördert die Verbreitung dieser wichtigen Lernerfahrungsmöglichkeiten.[75]

Die Stadt Freiburg hat das Potenzial des In-der-Natur-lernen erkannt. Mit dem Konzept »Freiburger Forschungsräume« sollen Kinder entdeckend und forschend mit Phänomenen aus Natur und Technik in Berührung kommen und über ihre Wahrnehmungen, Beobachtungen und Hypothesen sprechen. Feste Stellen werden finanziert.

Hier eine wunderbare von Kindern selbst erstellte Dokumentation ihrer Forscherwoche:

Kraft der Liebe

Die ganze Klasse sitzt in der Schule als Festung des Unwillens vor dir. Abwesende und uninteressierte Gesichter in leblos scheinenden Körpern. Jeder, jeder macht gedanklich etwas anderes, sucht im Handy rum oder redet mit den Sitznachbarn. Andere trinken, schminken sich oder essen noch. Diese Machtlosigkeit, diese Aufgabe, allmorgendlich eine Mauer des Widerwillens durchbrechen zu müssen oder auch einem Verweigerungschaos in Form von Hyperaktionen zu begegnen, macht innerlich krank, hilflos und stellt den ganzen Beruf des Lehrenden infrage. Und dann kommt die Wut in dir auf, auf diese Kinder und Jugendlichen, auf die ganze Gesellschaft, die nörgelnden Eltern, das System, was dich hier vor dieser Klasse alleinlässt. Und du weißt, dass es nicht gut ist, aber die Wut der Hilflosigkeit steckt in deinem Hals und springt einfach manchmal auf die Kinder über.

Wenn diese Gruppe von über zwanzig Schüler:innen nach einer liebevollen und zugewandten Achtsamkeits- und Vertrauensarbeit zu einem leuchtenden, vielfältigen, liebevollen Schwarm mutiert und du als Lehrperson ein Teil davon bist, ist das ein unsagbares Glück für alle Beteiligten. Und die eigentliche Grundlage für kognitive Leistungserbringung. Unsere Kinder fordern im Grunde das L(i)eben ein mit dieser Haltung der Verweigerung. Die Verweigerung stellt ein großes »Schütte nichts mehr in mich rein, sondern hilf mir, lebendig zu werden« dar. »Ich kann nichts mehr aufnehmen.« Die Verschlossenheit von Schüler:innen nennen wir ihre stille Revolution auf der Suche nach sich selbst und einer lebenswerteren Schulwelt.

Also begegnen wir ihnen und uns in der Tiefe. Was wir den großen Haltungswandel für Schulen und Gesellschaft nennen, bedeutet, dass unsere erste Aufgabe in der Schule darin besteht, dem Fühlen, Mitfühlen den Vorrang einzuräumen. Wissen vermitteln ist Aufgabe Nummer zwei. Wissen wird von älteren Schüler:innen mit der sich rasant entwickelnden Technik wie ChatGPT ohnehin in Zukunft mithilfe technischer Werkzeuge generiert. Wofür wir das Wissen einsetzen werden, für zerstörerische oder lebenserhaltende Prozesse, erfordert eine gemeinsame Ethik, Solidarität und vor allem Kreativität. Gesundheit, Beziehungsfähigkeit und Kreativität sind die Skills für die Zukunft.

Wir leben täglich in zahlreichen Beziehungsgeflechten, gerade in einer Schule ist das eine der größten Herausforderungen. Die Kinder und Jugendlichen sind Spiegel ihrer vielfältigen Elternhäuser. Sie kommen mit mehr oder weniger echt erfahrener Liebe, mit mehr oder weniger tiefen Traumata oder Ängsten in die Schule. Und sie kommen alle mit nur einem übergeordneten Wunsch, wenn sie in der Schule vor uns sitzen: »Ich möchte geliebt werden.« Darin sind automatisch die Bitten um Fürsorge, Verständnis, Geduld, Achtsamkeit, Respekt, Würde und Aufrichtigkeit enthalten.

Wenn wir die vielen Kinder, die vor uns sitzen, mit diesem Wunsch sehen und uns in sie hineinfühlen, dann stellen wir einen positiven Beziehungsresonanzraum zu ihnen her. Kinder haben feine Antennen, ob wir sie *grundlegend* mit Liebe betrachten oder nicht. Wir können das sogar üben. Und ja, wir geraten an unsere emotionalen Grenzen. Täglich. Warum sollte ich ausgerechnet dieses laute, nervende Kind lieben wollen? Oder diesen unangenehmen Kollegen, den ich jeden Tag im Lehrerzimmer treffen muss? In dieser Energie müssen wir nicht verharren, denn Liebe können wir lernen. Ein Gesetz der Liebe bedeutet, dass jeder Mensch, der eine abwehrende oder wütende Haltung in mir hervorruft, ein Schlüssel ist zu meinem innersten Selbst, zu meinem persönlichen Wachstum. Er oder sie sind im Grunde ein Segen für mich, wenn ich die erlernte Grundhaltung der Abwehr ändere und ihn oder sie aus der Perspektive der Liebe und als Helfer:in betrachte. Vielleicht spiegelt mir dieses nervende Kind genau meine eigenen Rufe nach Aufmerksamkeit in meinen Kindertagen wider. Und ich möchte – unbewusst – daran keinesfalls erinnert werden. Mein Kollege ist vielleicht meinem Vater sehr ähnlich, dessen Art und Weise mich tief verletzte. Immer wieder begegnen wir ähnlichen Situationen und empfinden uns auch selbst schnell als Opfer. Wenn ich dieses mir unangenehme Kind bestrafe, dann bestrafe ich im Grunde mich selbst. Ich versage mir selbst Liebe und Würde – in dem Moment, in dem ich andere Geschöpfe verletze.

Kinder oder Erwachsene, die uns aufwühlen oder verärgern, sind in Wahrheit unsere besten Lehrer:innen in Selbstliebe. Eltern wissen, wie sehr die Kinder ihnen Spiegel und Lernaufgabe sind. Selbstliebe können wir nur in Beziehung zu anderen Menschen lernen und verstehen. Wir wachsen innerlich ausgerechnet an den Menschen, die uns aufwühlen. Sie zeigen uns das eigene verdrängte Thema. Sie sind Botschafter:innen und Herausforder:innen. Sie bringen das Thema, welches in mir selbst geheilt werden möchte, ans Licht. Es ist ein enormes inneres Erlebnis, dem Impuls des Ärgers, der Rache, der Wut erstmals in Ruhe und als Beobachter:in der eigenen Situation zu begegnen. Und im nächsten Schritt zu erforschen, woher dieses Gefühl der Wut in mir eigentlich kommt. Plötzlich fühle ich mich selbstwirksam statt ohnmächtig, weil ich bei mir bleiben kann. Ich beginne bei mir und meiner Geschichte statt bei der wutauslösenden Person zu forschen. Sie hat ihre eigene Geschichte. Ich kann anfangen, mich selbst so ernst zu nehmen, dass ich meine Wut – meine angestauten Gefühle aufschreibe und besser kennenlerne. Vergiftete Beziehungen machen uns krank – oftmals einsam und hilflos. Gute Beziehungen nähren und ermutigen uns und unser Gegenüber. Liebevolle Beziehungen verlängern unser Leben und erhalten unsere Gesundheit. Liebe ist ein Beziehungsresonanzraum, den wir zusammen mit anderen jederzeit entwickeln können. Liebe können wir erlernen und einüben. Wir können uns Hilfe holen. Liebe vermehrt sich und zieht andere Liebende magisch an. Nichts gehört so sehr in die Schule wie die Liebe. Liebe ist Wärmeenergie.

Schulen als Resilienzzentren

»Durch Beteuerungen gewinnt man kein Vertrauen, sondern nur durch Handlungen; handeln wir wie anständige Menschen innerhalb des Kreises, der jedem Einzelnen von uns gesteckt ist, und die anderen werden alsbald wissen, ›was an uns ist‹. Das große Heilmittel für die seelische Not dieser Zeit ist das Vertrauen: aber nicht nur das Vertrauen zum anderen, das sein Vertrauen zu uns bewirkt, sondern auch das Selbstvertrauen (…) Auf jeden Einzelnen und auf jeden Tag kommt es an, wenn die Nöte unserer Zeit überwunden werden sollen. Und dazu brauchen wir nicht so sehr neue Programme wie – eine neue Menschlichkeit!«
Viktor E. Frankl[76]

Zurzeit machen sich Schulpsychologen Gedanken, wie wir Schulen in Resilienzzentren wandeln können. Das ist auch Thema beim Jahreskongress der Schulpsychologen in Hamburg im September 2024 zum Thema »Psychisch gesund in die Zukunft«. Unsere Gesellschaft hat sich in den letzten Jahrzehnten zu einer weitgehend narzisstischen Gesellschaft entwickelt. Hans-Joachim Maaz beschreibt in seinem Buch *Die narzisstische Gesellschaft*, dass Menschen, die nur sich selbst im Blick haben, außerstande sind, zu weinen, weil sie die Fassade der Coolness, die für sie zu einem souveränen Leben gehört, unbedingt aufrechterhalten müssen. Wenn sie dennoch einmal weinen, ist dies – so unsere Deutung – ein Anzeichen dafür, dass sie auf einem Weg der Heilung sind.

Dieses Weinen haben wir bei vielen Menschen erlebt, die die Briefe der Jugendlichen und Kinder im *RealLabor* gelesen haben. Sie sind mit dem Schmerz der Kinder in Resonanz gegangen, waren selbst zutiefst berührt und vielleicht an eigene Schmerzpunkte erinnert. Wir müssen die Vorurteile Gefühlen gegenüber abbauen, die wir im Zuge der letzten Jahrzehnte manifestiert haben. Dass Gefühle irgendwie falsch oder nebensächlich sind, ist grundfalsch. Psychoanalytiker Hans-Joachim Maaz hält fest, dass Gefühle der Wahrheit immer näher sind als der Verstand. In Kontakt kommen wir zu anderen nur über emotionale Botschaften. Durch positive Unterstützung werden Lernvorgänge gefördert, nicht durch Druck und Angst. Unsere Kinder mit ihrem feinen Gespür fühlen die Ängste ihrer gestressten Eltern genau und werden somit frühzeitig innerlich unglücklich. Dem vielschichtigen Unglück, was sie nicht genau benennen dürfen und können, begegnen sie mit Selbstverletzungen, da sie, entfremdet von ihren Gefühlen, keine Chance auf Selbstwirksamkeit sehen. Das »Ritzen«, tiefe Schnittwunden, die sich Menschen selbst zufügen, ist ein vergeblicher Versuch, aus destruktiven inneren Spannungen auszubrechen.

Die gesellschaftliche Transformation hin zu einem verantwortungsvollen Wir-Bewusstsein wirkt genau dieser verfehlten und aggressiven Entwicklung entgegen. Mit diesen alten Mechanismen haben wir uns selbst und unsere Mitwelt schwer verletzt. Der Weg der Gesellschaft und der Schule vom Ich- zum Wir-Bewusstsein ist beschlossen in der Berliner Erklärung zur Bildung für nachhaltige Entwicklung: »Transformatives Lernen für Mensch und Erde ist überlebensnotwendig für uns und für künftige Generationen. Die Zeit zu lernen und für unseren Planeten zu handeln ist jetzt. Wir sind der Auffassung, dass die Dringlichkeit dieser Probleme, die durch die Covid-19-Pandemie noch verstärkt werden, einen grundlegenden Wandel erforderlich macht, der uns hin zu einer nachhaltigen Entwicklung führt, die auf einer gerechteren, inklusiveren, achtsameren und friedlicheren Beziehung zueinander und zur Natur gründet.«[77]

Der Mangel an echter Liebe und Wertschätzung, der Mangel an Zeit und Sinn – auch in der Arbeitswelt – führt Kinder und Erwachsene seit Jahren in alle möglichen Therapien. Die Therapieplätze reichen in Deutschland bei Weitem nicht aus. Ein ganzes Land scheint therapiebedürftig. Stellen wir uns die Schule als Resilienzzentrum vor, das mit den Skills arbeitet, die wir aus guten Erfahrungen mit Gruppen- und Einzeltherapien kennengelernt haben.

Was geschieht in einer Therapie? In Therapiesituationen werden geschützte Räume für unseren Schmerz, erlittene Brutalität und psychische Gewalt, für Süchte und Sehnsüchte, Verzweiflung und Einsamkeit gesucht. Mit dem Ziel, wieder Freude und Tatkraft zu schöpfen. Wir finden in den gefragten Therapien Gemeinschaft, Verständnis, Geborgenheit, Rückzug. Erlangen nach aufgebautem Vertrauen zum Therapeuten und der Gruppe neues Wissen und neue Techniken, die uns helfen, zu gesunden. Wir erlernen einen achtsamen Umgang miteinander. Familienaufstellungen, Handarbeit, Kreativtechniken, aktives Zuhören, Musik, endlich alles aussprechen dürfen und immer wieder die Kraft der Gemeinschaft fühlen, die uns Spiegel ist und Auffangbecken. Das stärkt uns. Einer lernt vom anderen. Die gute Schule, um gesund zu werden.

ResonanzRaum und Liebe im Alltag

Im *RealLabor* in Leipzig entstand das Format »ResonanzRaum«, um Gruppen in eine tiefere, liebevolle Gemeinschaftsebene zu begleiten. In einem gruppendynamischen Prozess werden Klassen über 4 x 4 Stunden in eine immer tiefer gehende Vertrauensebene begleitet, um der eigenen und der Identität der Mitschüler:innen näherkommen zu können. Sich selbst und andere tiefer zu verstehen ist das Ziel. Das Grundmuster dieses gesamten Prozesses ist aktives, achtsames Zuhören. Anfangs sagen in der Regel fast alle, dass sie nichts können und nichts sind. Dieses immer wiederkehrende Selbstbild von Schüler:innen zeigt, wie viele Kinder das System verunsichert, statt sie zu ermutigen und zu bestärken. Wir gehen dann tiefer mit der Frage: »Wann und wo schlägt dein Herz vor Freude – wann empfindest du Begeisterung?« Schon in der zweiten Runde kommen nun Begabungen, besondere Eigenschaften und Vorlieben der jungen Menschen zum Vorschein. Naturliebhaber:innen, Künstler:innen, Gamer:innen, Unterstützer:innen, gute Zuhörer:innen, das sind sie in ihrer Freizeit. »Das interessiert doch sonst überhaupt niemanden«, sagen sie. Und jetzt gehen wir alle in eine noch tiefere Beziehungsebene. Wo liegen Ängste und Blockaden, die die jungen Menschen behindern? Immer wieder sprechen die Schüler:innen selbst und hören sich aufmerksam zu.

Privatere Probleme spielen nun auch eine Rolle. Noch nie gab es hämisches Lachen und Spotten, nur Anteilnahme und gegenseitiges Unterstützen. Zu merken, ich bin nicht falsch, anderen geht es ähnlich wie mir, ist eine ungeheure Entlastung. Sie sind ja gar nicht alleine mit ihren Problemen. Die Schüler beschreiben immer wieder ihre große Erleichterung, die das Aussprechen und Zuhören mit sich bringen. Sie fühlen sich lebendig, gesehen und nicht zum Objekt gemacht. Das Wesen der Schultransformation heißt: Werde und sei selbstwirksam als Individuum und in der Gruppe. Die Befürchtung, dass ein Öffnen der Herzen innerhalb der Schüler:innen-Gruppe Mobbing nach sich ziehen könnte, weil man nun mehr über den anderen oder die andere weiß, können wir nicht teilen. Wenn Kinder und Jugendliche in der Tiefe und als Gemeinschaft ernst genommen werden, sind sie bestrebt, sich gegenseitig zu unterstützen und voneinander zu lernen.

Zuhören, bestärken. Das geht, auch im stressigen Alltag. Und es ist wichtig, dass wir uns als Vater oder Mutter wesentliche Fragen stellen: Macht meinem Kind das Lernen in der Schule Freude? Interessiert es sich für die Themen in der Schule? Kann es seine eigenen Interessen in der Schule einbringen? Lernt mein Kind in der Schule, eigene Entscheidungen zu treffen und diese auch umzusetzen? Hat mein Kind eigene verantwortungsvolle Aufgaben, an denen es wachsen kann? Wie lange sitzt es an den Hausaufgaben? Hat mein Kind genügend freie Zeit, in der niemand ihm etwas vorschreibt? Ist mein Kind oft in der Natur, einfach so? Ist mein Kind fröhlich und zuversichtlich? Gibt es Raum und Zeit für echte Gemeinschaft in Schule und Freizeit?

Die gleichen Fragen können und sollten sich auch Lehrer:innen und Schüler:innen stellen. Und es lohnt, die Antworten aufzuschreiben. Als Lehrperson kannst du die Kinder fragen, ob sie ihre Antworten vorlesen möchten oder ein anderer sie vorlesen soll. Wenn nicht, ist dies auch okay.

Im *RealLabor* nutzen wir Haltungswandelkarten, um in tiefere Gesprächssituationen zu kommen. Aus den 31 Karten suchen sich die Kinder und Jugendlichen Themen, die sie besonders ansprechen. Zum Beispiel »Fehler-Kultur statt Fehler-Angst«, »Zeit statt Hetze«, »Wir-Bewusstsein statt Ego-Streben«, »Bewegung statt Einstuhlung« oder »Vertrauen statt Angst«. Die Frage, warum das Kind diese oder eine andere Karte gewählt hat, führt direkt in ein tieferes Gespräch. Die Karten werden aufgeklebt auf ein Blatt Papier, und die Kinder schreiben drum herum ihre Gedanken. Das Kind hat eine Starthilfe, um zu sprechen oder etwas aufzuschreiben. Überraschend ist immer wieder, wie klug und reflektiert Kinder sind.

Die Karte, die bisher die meisten Kinder ausgewählt haben, ist übrigens »Zeit statt Hetze«.

Reset Bildung

»Die Welt ist groß, bunt, weit! Es gibt so viele geniale Menschen, so viel zu tun, zu entdecken und zu erleben! Doch vor dieser Welt steht ein Zaun; ein Zaun, der sich Schule nennt! Dieser Zaun trennt mich von der Welt, von anderen Menschen und sogar von mir selbst! Mit Abschlussprüfungen soll man diesen Zaun einreißen können, um hinter ihm wieder die tolle Landschaft zu sehen, um all das zu erblicken, was er einst versperrte. Das Einreißen dieses Zauns nennen wir ›Bildung!‹. Doch in Wirklichkeit geht es nur um ein Kräftemessen: Wer ist ›stark‹ genug, den Zaun einzureißen? Aber wer den Zaun nicht einzureißen schafft, ist NIEMALS selbst ›schuld‹! Schuld sind alle, die jemals auf die Idee gekommen sind, diesen Zaun zu errichten!«
Tim Wiegelmann, Schüler, Autor und Botschafter für Humane Bildung

Viel Engagement und Zeit ist in den vergangenen Jahren in die Schulentwicklung geflossen. Lehrkräfte geben dabei ihr Bestes, doch meistens geht es um Verbesserungen im alten System von Unterricht, Hausaufgaben, Tests. Für mehr fehlt es an Zeit, Energie und Visionen. Aber viele junge Menschen wollen nicht mehr Teil des veralteten Systems sein oder brechen das Lehramtsstudium ab. Die Folge: dramatischer Lehrermangel.

Bürokratie, Vorgaben, übervolle Lehrpläne und patriarchale Verwaltungsstrukturen behindern Innovation. Schon Einstein kam zu der Einsicht: Probleme lassen sich nicht mit den Denkweisen und Methoden lösen, durch die sie entstanden sind. Echter Wandel gründet immer auf neuen Wahrnehmungs- und Denkweisen. Das Gute: Die Menschheit hat noch ein riesiges unerschlossenes Kreativitätspotenzial. Und viele Menschen haben Sehnsucht nach mehr Menschlichkeit, Resonanz, anderen Formen der Begegnung und Kommunikation. Die Zeit ist reif für Musterbrüche. Es braucht neue Narrative und Bilder. Es braucht jetzt Piloten, Labore des Zukünftigen, mit großer Autonomie und Rahmensetzungen, die explizit das Entfalten und Erproben von Neuem fördern.

»Labor-Schulen« arbeiten an verschiedenen Schwerpunkten. Aber allen ist gemeinsam: Eng getaktete Stundenpläne und Zifferbewertung sind Vergangenheit. Kritisches Denken, Verstehen von Systemen und Fragen zur Zukunftsfähigkeit stehen im Zentrum des Wissens und Handelns. Häufig wird in altersgemischten Gruppen oder Themengruppen gearbeitet. Erfinden und konstruieren sind wichtige Formen des Lernens. Studierende sind eingebunden, ebenso Senioren und Partner wie Bibliotheken, Museen, Biohöfe, Unternehmen, Maker Spaces, Künstler, NGOs und Menschen mit ihren Expertisen und Leidenschaften. Und natürlich die Natur mit all ihren Schätzen. Lernen in und von der Natur ist Inspirations- und Heilungsquelle. Seminare zu Art of Hosting, gewaltfreier Kommunikation, SEE Learning oder Tiefenökologie und Achtsamkeitspraktiken sind strukturell verankert, wie auch künstlerisch kulturelle Bildung mit ihrer transformativen Kraft.

Machen wir einen Zeitsprung in das Jahr 2030. Wer hätte sich das 2024 vorgestellt? Permakultur Schulhöfe, Null-Energie-Werkstätten aus mondgeschlagenem Holz, Cradle-to-Cradle-Forschungsstätten. Regionale Bioprodukte werden von den Schüler:innen für das Mittagessen in der Mensa verarbeitet. Jugendliche, die Kinder-Unis organisieren, andere, die mit einem Unternehmen Pläne für getrennte Wasserstränge programmieren, MINT-Werkstätten, in denen Kinder aus Orangenschalen einen umweltfreundlichen Kleber oder Papier aus Stein herstellen. Einige der Labore sind im Profil Mensch-Natur-Technik, in dem Naturwissenschaften und die Lernbereiche Wirtschaft, Technik, Ethik, Design zusammenarbeiten, konzipiert worden. Überall wird Lernen mit dem Leben verbunden. Mathe brauchst du, weil du gerade eine App programmierst, eine Umfrage auswertest oder Terra Preta, die schwarze Erde, für den Schulgarten herstellst, weil dort ein Metallgefäß mit dem Goldenen Schnitt eine wichtige Rolle spielt. Du lernst begeistert Sprachen, weil du gemeinsame Projekte mit Schulen in anderen Ländern durchführst. In Entrepreneurship-Labs arbeiten multidisziplinäre Teams an Gründungen. *Design Thinking* und digitale Werkzeuge helfen, wenn du auf der Suche nach intelligenten Lösungen bist. Das macht Sinn. Schulen werden Tat-Orte, Werk-Stätten, Wirk-Stätten, Inspirations-Stätten.

Über ihre Aktivitäten berichten die Schüler auf öffentlichen Veranstaltungen und Kongressen. Die Aulen der Labor-Schulen werden zu Orten des öffentlichen Diskurses. Hier diskutieren Kinder und Jugendliche mit Eltern, Bürger:innen, Kommunalvertreter:innen, oft auf der Basis von Soziokratie. Bei diesen Treffen werden immer wieder Anstöße für die Kommunen geboren. Jugendliche klären beispielsweise auf, wie begrünte Innen-, Außenwände und Dächer die Luft säubern, das Gebäude dämmen und Lebensraum bieten. Das Interesse an Naturwissenschaften, Informatik und Technik steigt durch das Eingebundensein in sinnvolles Handeln enorm, besonders bei den Mädchen. Und Lehrermangel gibt es dort nicht. Die Labor-Schulen ziehen die Menschen an. Selbstverständlich sind an den Labor-Schulen die Schüler:innen in sozialen Verantwortungsprojekten und in Peer-Projekten vielfältiger Art unterwegs.

Der Traum der Bildungspolitiker, einen gesamtinstitutionellen Ansatz zu fördern, indem Schulen zu »Reallaboren für Partizipation und Bürgerbeteiligung, Chancen- und Geschlechtergerechtigkeit, Gesundheit, Naturverbundenheit und Respekt für die Umwelt, Energieeffizienz und nachhaltigen Konsum werden, in denen Bildung experimentell, handlungsorientiert, lokal zentriert und kulturspezifisch stattfindet und es Bildungsteilnehmerinnen und -teilnehmern ermöglicht, für das Leben zu lernen und das Gelernte zu leben«[78], wird in den Labor-Schulen realisiert.

Der Streit, wer welche Stunden bei der Entschlackung des Lehrplans abgibt, der Streit um Schulformen, der Streit um Noten wird hinfällig. Die Utopien von heute sind die Wirklichkeiten von morgen. Und wer hätte sich vorstellen können, dass Hamburg, während wir dieses Buch schreiben, im Juni 2024 die Noten bis Klasse 9 abschafft?[79]

Der Aufbruch steckt an, Geschichten vom Gelingen stecken an, Medien berichten darüber in der Sparte *Good News*.

Von Joseph Beuys stammt die Einsicht: Wir bekommen nur dann die Zukunft, die wir uns wünschen, wenn wir sie selbst erfinden. Erfinden wir die Bildung der Zukunft!

Uns macht Hoffnung, dass ein Neustart für Deutschlands Bildung 2024 öffentlich verhandelt werden wird, der »#NeustartBildungJetzt – Bildungsdialog für Deutschland«.[80] Mit unserem Buch möchten wir Grundlegendes dazu beitragen und die Debatte beflügeln.

Daher bietet das *RealLabor Leipzig* digital und in Präsenz jeden Monat einen Austausch zum Buch an.

Schauen wir zum Abschluss auf den systemischen Entwurf für eine neue Schule, den die 15-jährige Lara Voss 2001 aufgeschrieben hat. Auf die Frage, wie sie sich zukunftsfähige Bildung vorstellen würde, schrieb sie an nur einem Nachmittag ihre Vision:

1/5-Theorie – das »Rezept«

ZUTATEN: Man braucht engagierte Lehrerinnen und Lehrer und selbstbewusste und mutige Schülerinnen und Schüler.
1/5 der Unterrichtszeit sollte mit Zukunftsfragen ausgefüllt werden. Auch das Arbeiten in Projekten gehört dazu. So haben alle die Möglichkeit, die Entwicklung der Zukunft mitzubestimmen und zu erleben.
1/5 sollte dem Engagement in der Öffentlichkeit gewidmet werden. So werden der Mut und das Selbstbewusstsein aller Beteiligten gestärkt.
1/5 der Unterrichtszeit sollte zum Lieben lernen genutzt werden. Damit ist Nächstenliebe und andere Kulturen und behinderte Menschen achten gemeint.
1/5 sollte Grundwissen sein: eine gute Mischung von Geschichte, Literatur, Philosophie, Erfindungen, Naturwissenschaften, Musik, Kunst und mathematischem Denken. Alle sollen die Wurzeln unseres Zusammenseins auf diesem Planeten verstehen und wissen, was man in Zukunft besser machen muss.
1/5 gehört den Weltreligionen, auf die man nicht verzichten darf und sollte.
Alle Religionen sollten uns vertraut sein, anerkannt und geachtet werden.

(Lara Voss, 15 Jahre, in dem Buch *Jugend schreibt Zukunft*)

Es ist Zeit für eine Revolution
in den Bildungssystemen. (...)
Beenden wir das übertriebene Setzen
auf Tests und Auswendiglernen.

Antonio Guterres,
Generalsekretär der Vereinten Nationen,
Auszug aus einer Rede vom 11. Juli 2024[87]

Lassen wir uns mit dem *Wandellied* von Janne, einer jungen Lehrerin, mitnehmen auf eine Mut machende Hoffnungsreise.

Die Kraft des Wir

Pioniere der Bildung

Unter dem Leitgedanken ***Die Kraft des Wir*** haben sich folgende Initiativen zu *Pioneers of Education* zusammengeschlossen, um ihre innovativen Transformationswerkzeuge den Schulen synergetisch zur Verfügung stellen zu können:

Schule im Aufbruch (SiA) steht als Initiative für eine ganzheitliche und transformative Bildung im Sinne der Bildung für nachhaltige Entwicklung. Sie wurde 2012 von Margret Rasfeld, Gerald Hüther und Stefan Breidenbach gegründet. Zentrales Anliegen in allen Aktivitäten ist das Bewusstmachen unserer dreifachen Verantwortung: Verantwortung für sich selbst, Verantwortung für Mitmenschen und Verantwortung für unseren Planeten. Schule im Aufbruch begleitet Schulen in ihrem Transformationsprozess hin zu einer Lernkultur, die sich durch Vertrauen, Wertschätzung, Beziehung, Verantwortung und Sinn auszeichnet. SiA unterstützt Schulen dabei, den FREI DAY zu implementieren, ein fest verankerter Freiraum im Stundenplan für Potenzialentfaltung und Ausbildung von Zukunftskompetenzen. Im Rahmen einer Netzwerkmitgliedschaft werden Schulen befähigt und vernetzt, um gemeinsam Gestaltungsräume im Schulsystem zu entdecken und zu entwickeln. Ein weiteres Element ist die Ausbildung von Transformationsbegleiter:innen für Schulen.

Das *RealLabor*[81], ein Satellit von *Schule im Aufbruch*[82], ist ein einladender offener Ort für Inspiration, Ermutigung und Vernetzung im Zentrum Leipzigs. Im *RealLabor* treffen sich

Pädagog:innen, Schüler:innen oder Elterngruppen, aber auch Initiativen und Aktivist:innen, um über neue Bildungskonzepte an ihren Schulen zu diskutieren, sich Rat zu holen und sich persönlich auszutauschen bei komplizierten Situationen im Schulalltag. Oder um erst einmal auszusprechen, was sie bewegt. Sie werden hier vernetzt mit hilfreichen, erfahrenen Partnern für ihre speziellen Themen. Das *RealLabor* lädt regelmäßig zu Veranstaltungen mit inspirierenden Gästen aus Politik, Wirtschaft und Kultur ein, die teils seit Jahrzehnten Vorreiter:innen auf ihren Gebieten sind, meist auch Teil des Netzwerks von *Pioneers of Education.* Haltungswandel zu mehr Mitmenschlichkeit und echter Gemeinschaft ist das Schlüsselthema im *RealLabor.* Dafür entstanden die beliebten 31 Haltungswandelkarten, zum Beispiel Fehler-Kultur statt Fehler-Angst, Beziehung statt Entfremdung, Vertrauen statt Angst usw.

Die ***Lernplattform Intushochdrei* der *Helga Breuninger Stiftung***[83] ermöglicht es mit zahlreichen Modulen fürs Beziehungslernen, den Haltungswandel an Schulen vollziehen zu können. »Veränderungen beginnen immer bei mir selbst.« Wenn wir lernen, die Perspektive zu wechseln, machen wir neue Erfahrungen. Beziehungslernen hilft uns, aus dem Problemblick in den Potenzialblick zu wechseln. Der Problemblick schwächt uns. Wir fühlen uns gestresst, überfordert und ohnmächtig und stecken andere damit an. Im Potenzialblick erleben wir uns selbstwirksam und lösungsorientiert. Und das wirkt auf alle Beteiligten! Um diesen so entscheidenden Wechsel in der Wahrnehmung der Lehrkräfte bewusst zu machen und anzuleiten, haben Helga Breuninger und Wilfried Schley ein Übungsprogramm entwickelt. Anhand kurzer Videoszenen aus dem Schulalltag wird geübt, intuitiv zu verstehen, statt zu bewerten. Beobachtet wird, was die betroffenen Schüler:innen und ihre Lehrkräfte in den jeweiligen Situationen gebraucht hätten. Diese Beobachtungsaufgaben aktivieren unsere Intuition und Empathie. Und darum geht es im Kontakt mit Kindern und Jugendlichen! *intus^3-KI mit 5 Bots*[84] wurde entwickelt, damit die positive Wahrnehmung nach dem Training auch in den Schulalltag kommt. Einer davon ist der »Potenzialblicker«: Aus einem »Mich stört« wird ein »Ich schätze«. Und das ist die Veränderung bei uns selbst, die die Welt verändert.

LEA Education stärkt und befähigt Menschen, das Neue in die Welt zu bringen, mit Begegnungsformaten, real und digital. Dies geschieht im Zusammenspiel von sechs Orientierungen: Positive Leadership (positive Psychologie), Präsenz und Empathie, Entstehende Zukunft, Lernseitige Haltung (dialogisches Prinzip), *Shared Leadership* und Gesellschaftliches Wohlergehen. Die LEA schafft Orte des Zusammentreffens, der Begegnung, der Vernetzung und des Dialogs. Das Praxisbuch *Führen mit Präsenz und Empathie*, geschrieben von den LEA-Mitgründern Michael Schratz und Wilfried Schley, hat es möglich gemacht, erfolgreiche Leadership-Erfahrungen mit interessierten und engagierten Menschen im gesamten deutschen Sprachraum zu teilen. Die Resonanz war überwältigend. Sichtbar wird, dass eine neue Generation von schulischen Führungspersonen, Bildungsaktivist:innen, Coaches und Berater:innen heranwächst, die sich im Netzwerk von *LEA Education* engagieren. In diesem Netzwerk begleiten wir die Entwicklung und Entfaltung von Menschen und Organisationen auf allen Ebenen des Bildungssystems zur künftigen »Schule der Achtsamkeit«.

MeTAzeit bringt Meditation, Achtsamkeit und Bewegung in den Schultag. Im Sinne der Bildung für nachhaltige Entwicklung, als täglich aktiv gelebte primäre Gesundheitsprävention, als Praxis der *Inner Development Goals (IDGs) für* die junge Generation, für eine achtsame Lern- und Beziehungskultur. An der Humboldt-Universität zu Berlin wurde *MeTAzeit* 2019 bis 2020 im Rahmen einer Studie an zwei Pilotschulen erforscht und die positive Wirkung nachgewiesen. *MeTAzeit* steht für Meditation, Training und Achtsamkeit im Schulalltag und regt nachhaltig zwei Veränderungen im System Schule an: Eine neue Zeitqualität *MeTAzeit,* die wie Mathematik und Deutsch selbstverständlich zum Schultag gehört und eingeplant wird; das Vermitteln effektiver Übungen zur Selbstregulation; wichtige Lebenskompetenzen, wie Selbstwahrnehmung, Selbstwirksamkeit, Stressmanagement, Problemlösungsfertigkeiten, Beziehungskompetenzen, Empathie, Selbstfürsorge – sowohl für die Schüler:innen als auch für die Pädagog:innen. Dies gelingt durch fundierte Schulungen des gesamten Kollegiums, der Schule als lernendem System, engmaschige Absprachen mit der Schulleitung, Begleitung im Unterricht, individuelle Feedbackgespräche, langfristige Prozessbegleitung sowie hilfreiche Materialien (Kartenset mit über achtzig Übungen, Workbook, Poster, *MeTAzeit*-App, *MeTAzeit*-Podcast[85])

Die ***LernKulturZeit Akademie*** steht für Bildung für eine nachhaltige Zukunft. Der ganzheitliche Ansatz stellt den Menschen in den Mittelpunkt. Das wichtigste Bildungsziel des 21. Jahrhunderts ist für uns, das Miteinander auf dieser einen Erde zu gestalten, Bildung ist der Schlüssel dazu. Den hierfür nötigen Bewusstseinswandel begleiten wir bei Individuen und Institutionen. In unseren hochschulzertifizierten Weiterbildungen und Onlinekursen vermitteln wir Prinzipien des

Wandels und *future skills.* An Zukunftsorten trainieren wir bundesweit Wahrnehmungs-, Beziehungs- und Kommunikationskompetenz. Unsere Teilnehmenden lernen erfahrungsbasiert, den Bildungswandel selbstbewusst mitzugestalten. Als Lernkultur-Coach für Potenzialentfaltung oder als Integrale Schulentwickler:innen sind sie *change agents* und werden in Schulen, in der Akademie oder unserer Schulentwicklungs-Agentur tätig. Der *Pioneers of Education*-Online-Bildungsgipfel[86] begeistert seit 2019 Jahr für Jahr 6000 bis 8000 Menschen für eine zeitgemäße Lernkultur und trägt neue Bilder in die Breite. Dadurch hat sich das Netzwerk bis über die Grenzen Deutschlands erweitert. Bildungswandel braucht den Schulterschluss, darum bauen wir auf die »Kraft des Wir!«

Quellenhinweise und Anmerkungen

Warum wir dieses Buch schreiben?

1 https://chrismon.de/artikel/53777/jugendliche-ueber-schulstress-druck-und-psychische-probleme

Das überalterte System

2 https://www.zdf.de/nachrichten/panorama/klimawandel-jugendliche-studie-100.html

3 https://www.bne-portal.de/bne/shareddocs/downloads/publikationen/FU-Monitoring/fu-monitoring-formale-bildung-in-zeiten-von-krisen.pdf?__blob=publicationFile&v=2

Das Grundübel: der selektive Geist

4 https://www.boeckler.de/pdf/v_2011_11_24_heitmeyer.pdf

5 https://ifs.ep.tu-dortmund.de/storages/ifs-ep/r/Download_Praxisportal/Kurzbericht_TfE10_Schuluebergang.pdf

6 https://www.hochschulbildungsreport.de/sites/hsbr/files/hochschul-bildungsreport_abschlussbericht_2022.pdf, S. 13

7 https://www.vodafone-stiftung.de/wp-content/uploads/2019/06/herkunft_zensiert_2012.pdf

8 Lernkultur – Evangelische Schule Berlin Zentrum [Musterbrechen-ESBZ]

9 https://www.karg-stiftung.de/common/kfp/pdf/projekte/2013_Laudatio_Armin_Hackl.pdf

Der tradierte Leistungsbegriff

10 Sind Noten nützlich – und nötig? Ziffernzensuren und ihre Alternativen im empirischen Vergleich. Eine wissenschaftliche Expertise des Grundschulverbandes https://www.pedocs.de/frontdoor.php?source_opus=18828

11 https://sz-magazin.sueddeutsche.de/die-loesung-fuer-alles/was-macht-ein-gutes-team-aus-86087

Beschämung verletzt

12 https://paedagogische-beziehungen.eu/wp-content/uploads/2020/05/Prengel_DestruktiveBeziehungen.pdf

13 Zick, Andreas (2017): Sozialpsychologische Diskriminierungsforschung. In A. Scherr, A. El Mafaalani & G. Yüksel (Hg.): Handbuch Diskriminierung (S. 59–80). Wiesbaden: Springer VS

14 https://paedagogische-beziehungen.eu

15 https://weact.campact.de/petitions/schluss-mit-abfragen-und-exen-petition-zur-abschaffung-unangekundigter-leistungsnachweise-in-bayern

16 https://www.focus.de/experts/appell-an-die-eltern-uebermaessiger-erziehungsehrgeiz-gefahr-fuer-das-eltern-kind-verhaeltnis_id_259796519.html#:~:text=Was%20sind%20die%2011%20No,Kontrollieren%20Sie%20ihr%20Kind%20nicht

17 https://www.postbank.de/themenwelten/wissen-leben/so-lange-sind-jugendliche-online.html

18 https://ratfuerdigitaleoekologie.org/images/downloads/RDOPaper-2024-TIKTOK.pdf

19 https://www.nytimes.com/2024/06/17/health/bourgeois-general-social-media-warning-label.html?searchResultPosition=4

20 https://www.faz.net/pro/d-economy/apple-chef-cook-moechte-nicht-dass-sein-neffe-soziale-netzwerke-nutzt-15411213.html

21 https://www.businessinsider.de/wissenschaft/gesundheit/warum-bill-gates-kinder-keine-handys-haben-r2/

22 https://www.tagblatt.ch/leben/bildschirmfrei-ist-das-neue-bio-warum-die-programmierer-im-silicon-valley-ihre-kinder-computerfrei-erziehen-ld.1107643

23 https://www.nzz.ch/feuilleton/interview-jonathan-haidt-covid-war-nichts-im-vergleich-zu-dem-was-wir-unseren-kindern-mit-sozialen-medien-und-smart-phones-antun-ld.1824924

Die Weltgemeinschaft bricht auf

24 Aurelio Peccei, Hrsg., Das menschliche Dilemma. Zukunft und lernen, Club of Rome, Bericht für die achtziger Jahre, München 1979

25 Jacques Delors: Lernfähigkeit: Unser verborgener Reichtum. UNESCO-Bericht zur Bildung für das 21. Jh., Neuwied 1996.

26 http://www.un.org/sustainabledevelopment/sustainable-development-goals/

27 https://www.kmk.org/fileadmin/Dateien/veroeffentlichungen_beschluesse/2024/2024_06_13-BNE-Empfehlung.pdf

28 https://www.oecd.org/en/about/projects/future-of-education-and-skills-2030.html

Die Kraft der Kinder

29 https://wupperinst.org/uploads/tx_wupperinst/MIPS_fuer_Kids_Brosch.pdf

30 https://www.bundespraesident.de/SharedDocs/Reden/DE/Frank-Walter-Steinmeier/Reden/2024/05/240515-Jubilaeum-FSJ-Diakonisches-Jahr.html

31 https://zukunftsstiftung-bildung.de/peer-learning-programme/bildungsbande/

32 https://www.schub-magazin.org/16_freiday-knettel-nrw-2024/

33 https://frei-day.org

34 https://www.bne-portal.de/bne/de/nationaler-aktionsplan/nationaler-aktionsplan_node.html

35 https://www.changex.de/Article/buecher_des_jahres_2021

36 https://emps.uni-wuppertal.de/de/herausforderungen/

37 https://www.herausforderung.eu

38 http://www.zeit.de/2010/51/C-Schuelerfortbildungen

Siegeszug der Achtsamkeit und Empathie

39 https://www.futureskills.org/

40 www.edusocial-project.de; https://taniasinger.de

41 www.zls.uni-leipzig.de/abik

42 www.zukunftsinstitut.de

43 https://www.buendnis-zukunftsbildung.de

44 https://wirfuerschule.de
45 https://education-innovation-lab.de
46 www.bewirken.org
47 www.initiative-neues-lernen.de
48 www.schultransform.org
49 https://baut-eure-zukunft.eu
50 https://junge-tueftler.de
51 https://www.thetoolboxisyou.com/de/
52 https://kopfsachen.org, https://www.irrsinnig-menschlich.de
53 https://www.nummergegenkummer.de
54 https://jugendnotmail.de; https://krisenchat.de
55 https://pruefungskultur.de
56 https://www.portfolio-inp.ch/mitglieder-tagungen-des-inp/mitglieder-deutschland/
57 https://degede.de/project/klassenrat-wir-sind-klasse/
58 http://bildung-in-zukunft.de/projekte/klassenrat/
59 https://www.kollaborationskultur.com/bildung
60 https://www.servicelearning.de/lernen-durch-engagement
61 https://www.aula.de/
62 https://www.bmfsfj.de/bmfsfj/themen/kinder-und-jugend/integration-und-chancen-fuer-junge-menschen/respekt-coaches-anti-mobbing-profis
63 https://www.israelpalaestinavideos.org/trialoge/
64 https://rockyourlife.de
65 https://www.balu-und-du.de
66 https://chancenwerk.de
67 https://www.arbeiterkind.de
68 https://schule-im-aufbruch.de/schultransformation/

Selbstwirksamkeit entfalten

69 https://teachersforfuture.org/klimagefuehle/
70 Fritz Riemann, Grundformen der Angst, Ernst Reinhardt Verlag; 47. Edition (17. Januar 2022), S. 9
71 https://www.mus-e.de/
72 https://www.jekits.de
73 https://www.acker.co/gemueseackerdemie
74 www.gruen-macht-schule.de
75 https://www.draussenlernen.net
76 aus: Viktor E. Frankl, »Es kommt der Tag, da bist du frei. Unveröffentlichte Texte und Reden«, Kösel Verlag, München 2015
77 https://www.unesco.de/bildung/bildung-fuer-nachhaltige-entwicklung/weltkonferenz-berliner-erklaerung

Reset Bildung

78 https://www.unesco.de/sites/default/files/2021-05/Berliner%20Erklärung%20für%20BNE.pdf

79 https://taz.de/Senatorin-Bekeris-ueber-Schule-ohne-Noten/!6019321/

80 https://www.bertelsmann-stiftung.de/de/themen/aktuelle-meldungen/2024/mai/ein-neustart-fuer-deutschlands-bildung-buendnis-aus-94-organisationen-legt-konzept-fuer-einen-bildungsdialog-fuer-deutschland-vor

Anhang

81 www.reallabor-leipzig.de

82 www.schule-im-aufbruch.de

83 www.helga-breuninger-stiftung.de

84 www.intushochdrei.de

85 www.metazeit.de

86 https://www.lernkulturzeit.de

87 https://www.un.org/sg/en/content/sg/statement/2024-07-11/secretary-generals-remarks-special-event-transforming-education-bilingual-delivered-scroll-down-for-all-english-and-all-french-versions?_gl=1*a6osc6*_ga*MjUxNTIyMTIzLjE3MjA0NjMxODI.*_ga_S5EKZKSB78*MTcyMDcxNzk3OS41LjEuMTcyMDcxODI5Ni4xOS4wLjA.*_ga_TK9BQL5X7Z*MTcyMDcxNzk3OS43LjEuMTcyMDcxNzk4Ni4wLjAuMA

Über die Autorinnen

Foto: © Berliner Zeitung/Markus Wächter

Margret Rasfeld, Jahrgang 1951, wirkte fast vierzig Jahre als Lehrerin, in der Lehrerfortbildung und zwei Jahrzehnte als Schulleiterin. Als Bildungsinnovatorin und Beraterin setzt sie sich auch heute auf unterschiedlichen Ebenen für eine Neuausrichtung der Schulbildung ein. Die Evangelische Schule Berlin Zentrum, die sie viele Jahre geleitet hat, gilt weltweit als Prototyp für den nötigen Paradigmenwechsel. Um Schulen bei der Transformation zu unterstützen, gründete Rasfeld 2012 gemeinsam mit Stephan Breidenbach und Gerald Hüther die Initiative »Schule im Aufbruch«. Diese wurde 2023 von der Deutschen UNESCO-Kommission und dem Bundesbildungsministerium mit dem »Nationalen Preis – Bildung für nachhaltige Entwicklung« sowie mit dem »Team-Sonderpreis ›Hand in Hand‹« beim EMOTION AWARD ausgezeichnet.
www.margret-rasfeld.de

Foto: Privat

Ute Puder, Diplom-Designerin, Regisseurin und Projektentwicklerin, Jahrgang 1962, initiiert seit vielen Jahren künstlerische Interventionen im öffentlichen Raum, die sich mit notwendigen Veränderungsprozessen in der Gesellschaft auseinandersetzen. Als Unterrichtende an der Johanniter-Akademie erlebte sie hautnah die Verzweiflung und Verlorenheit vieler junger Menschen. 2022 lernte sie Margret Rasfeld kennen, die ihr von siebzig erschütternden Briefen erzählte, die Schüler:innen an einem Leipziger Gymnasium veröffentlicht hatten. Sofort war klar: Wir laden diese Schüler:innen ein, um zu reden. Nach spontaner Gründung der *11 Rebell:innen* entstand das *RealLabor Friedliche Bildungsrevolution* im Zentrum Leipzigs.

Der Verlag weist ausdrücklich darauf hin, dass im Text enthaltene externe Links vom Verlag nur bis zum Zeitpunkt der Buchveröffentlichung eingesehen werden konnten. Auf spätere Veränderungen hat der Verlag keinerlei Einfluss. Eine Haftung des Verlags ist daher ausgeschlossen.

Besuchen Sie uns im Internet:
www.bene-verlag.de

MIX
Papier | Fördert gute Waldnutzung
FSC® C014496

Originalausgabe November 2024

Ein Imprint der Verlagsgruppe
Droemer Knaur GmbH & Co. KG, München

Lektorat: Stefanie Ramsperger, Stefan Wiesner
Coverabbildung: Kinga/Shutterstock.com
Satz und Layout: Maike Michel
Druck und Bindung: GGP Media GmbH, Pößneck
ISBN 978-3-96340-285-2

5 4 3 2